Aurélienne Dauguet

Reiseführer zu deinen kosmischen Energien

Aura-Entdeckung

Der Brunnen (die Quelle) – HEXAGRAMM aus dem I Ging:
Der Edle soll über die allgemeinen Konventionen hinausgehen, alles Oberflächliche lassen und wirklich aus der Tiefe seines Wesens zum Wohle der Menschen tätig werden.

Claus Claussen: „I Ging – Grundlagen und Deutung“

Danksagung

An Joel Bruce Wallach:
Danke, dass Du in diesen Zeiten inkarniert bist.

An Karin Hartl:
Danke für Deine perfekte fachliche Kompetenz. Noch dankbarer bin ich Dir für Deine einmalige Art, meine Texte zu bearbeiten und für Deine Fähigkeit zu verstehen, was ich meine – jenseits der Worte.

Aurélienne Dauguet

Reiseführer zu deinen kosmischen Energien

Aura-Entdeckung

MERANO-VERLAG

Bibliografische Information der Deutschen Nationalbibliothek

Die Deutsche Nationalbibliothek verzeichnet diese Publikation in der Deutschen Nationalbibliografie; detaillierte bibliografische Daten sind im Internet über www.dnb.de abrufbar.

1. Auflage

Satz und Layout: Karin Hartl
Coverbildmotiv: Aurélienne Dauguet
Coverbildgestaltung: Petra Benchert
Umschlaggestaltung: Dieter Mader

Herstellung: BoD - Books on Demand, Norderstedt

ISBN-13: 978-3-944700-02-1

Inhaltsverzeichnis

Reiseführer zu deinen kosmischen Energien
Aura-Entdeckung

Vorwort:

Heute gehen wir auf eine Reise: eine Entdeckungsreise. Wie lange sie dauern soll, kann ich dir nicht sagen, denn wie lange wir unterwegs sein werden, hängt allein von dir ab. Ich kann dir hingegen sagen, wohin unsere Entdeckungsreise führen wird: geradewegs zu dir, wo du bist, zu deiner eigenen Schatztruhe, im Hier und Jetzt.

Gemeinsam überqueren wir die Brücke zum leuchtenden, schillernden Weg. Das ist der Weg, der die Fußstapfen zum Verschwinden bringt, denn er geht nur voran, voran in die expandierte Zeit.

Du weißt Bescheid über deine innere Geographie. Es ist jedoch, als würdest du noch nach der richtigen Abzweigung auf der Landstraße suchen. Du warst wohl schon einmal an der Heilquelle. Aber es ist schon lange her, und vieles ist seitdem geschehen. Die Erinnerung daran ist unklar, und obwohl du ursprünglich geplant hattest, direkt dorthin zu fahren, hat sich Verwirrung festgesetzt. Auch die berühmte Aufforderung »Erkenne dich selbst!« leitet nicht ausdrücklich zur eigenen Kraft, zum Bewusstsein der innewohnenden Fähigkeiten und zur Entschlossenheit, über deine individuellen, kreativen Energien zu verfügen.

Aus diesem Grund liegt der Reiseführer zu deinen kosmischen Energien jetzt in deinen Händen. Alles, was lebt, besitzt eine Aura. Die Energien, die feinstofflichen Ausstrahlungen wahrzunehmen, gehört zur natürlichen Begabung lebendiger Wesen. Diese wieder zu entdecken, eröffnet einen frischen, neuen Blick auf den Alltag und breite Horizonte: Die Farben leuchten, die Klänge bezaubern, deine wahre, innere Kraft wird spürbar, und du wirst jeden Tag mehr zu dem Menschen, der die Absicht seiner Seele erfüllt, gelangst jeden Tag näher zur Er-füll-ung, zu deinem eigenen Reichtum.

Die Reise gestalten wir einfach, denn Schlichtheit öffnet himmlische Tore. Hab keine Angst, dass wir zu schnell gehen. Wir machen kleine, sichere Schritte, und wir haben Zeit, denn wir treten aus dem temporären Rahmen heraus, in dem alles mit der Uhr gemessen wird. Hier zählt nur dein eigenes Tempo: Mach das, was für dich stimmt. Nimm, was dich anspricht, und was deiner eigenen Wahrheit im Einklang mit deiner Seele entspricht. Sie ist der Maßstab deines Lebens, deiner Reise.

Du bist herzlich eingeladen, dich dieser Reiseführung anzuschließen, die dich mit achtsamen Schritten zu deinem Pfad leiten wird. Die Stufen, die Wege und die Schilder sind uns bekannt und haben sich schon lange bewährt. Meine seit der Kindheit vorhandene ausgeprägte Energiewahrnehmung hat mich zu tiefen Explorationen, weiten Horizonten und in manch ungewöhnliche Gegend geführt. Mit 28 Jahren erlebte ich eine spirituelle Öffnung, die mir meine Berufung zeigte, die sich in der Beratung von vielen Menschen im deutschen und französischen Sprachraum konkretisierte. Meine höhere Instanz ist die innere Führung meiner Seele, meine direkte Verbindung zum Göttlichen. Ich folge ihr getreu. Der Weg der Aura-Wahrnehmung beginnt in den bekannten Gegenden unseres physischen Daseins. Sie sind unsere Basis und gleichzeitig unser Sprungbrett und entfalten sich in den Windungen unseres Alltags: exakte, aber dennoch einfache Anregungen, die zu unserer kosmischen Natur führen.

Tiere und Kinder nehmen die Energien und die Aura wahr. Wieso können erwachsene Menschen das nicht mehr? Diese Frage lasse ich dich selbst beantworten. Sie soll dich stets auf der Reise begleiten.

1 Reisevorbereitungen – Unsere Voraussetzungen

1.1 Die Aura: Eine verschlossene Schatztruhe

Auf dieser Entdeckungsreise wäre es sinnvoll, dafür bereit zu sein, dich selbst in einem neuen Licht und aus einer anderen Perspektive zu sehen. Du brauchst nur den Blickwinkel zu verändern und schon sieht vieles ganz anders aus. Was du im Alltag von dir siehst und die Persönlichkeit, mit der du dich normalerweise identifizierst, ist nur ein kleiner Teilaspekt von dir. Du bist ein Kaleidoskop, das in einem Bild erstarrt ist. Sobald es jedoch einen Impuls erhält und im Licht betrachtet wird, kommen die Teilchen neu in Bewegung und die zauberhafte Reihe von farbigen Verwandlungen entfaltet sich vor deinen Augen, um weitere neue bildhafte Kreationen entstehen zu lassen.

Leg deinen Rucksack ab, befreie dich von der Schwere, die dich belastet und dir Schuldgefühle, Einengungen, Unsicherheit, Ohnmacht und Scheuklappen beschert. Du brauchst sie nicht mehr. Vieles ist unmittelbarer und leichter als du meinst. Ich biete dir keinen reißerischen Hedonismus nach dem Motto ›Schnell glücklich werden‹. Du wirst allmählich spüren, dass ein höherer Erfüllungspegel im Alltag wünschenswert und erreichbar ist. Gelegentlich werden wir bei der Suche nach der Schatztruhe auf etwas stoßen, das unsere Neugierde anregen wird – Knoten und Verzerrungen, die wir in klärendem Licht betrachten werden.

Offenheit und die Bereitschaft zu akzeptieren, dass da mehr vorhanden ist als das bloße Auge erkennt – bei dir ebenso wie bei allen anderen –, ist eine wertvolle Voraussetzung für unsere Reise. Und Freude am Experimentieren sollte natürlich auch dabei sein.

Ich bin überzeugt, du hast die Aura auf irgendeine Weise schon wahrgenommen, vielleicht ganz zufällig und flüchtig, und als du versuchtest, sie nochmals zu sehen, war sie schon wieder weg. Folgendes Erlebnis hast du auch bestimmt schon gemacht: Jemand kommt dir körperlich sehr nahe. Die Empfindung ist bedrückend, deine Atmung beeinträchtigt, als ob deine Lungen nicht genug Luft bekämen, und instinktiv weichst du einen Schritt zurück. Prompt macht diese Person einen Schritt vorwärts, um wieder in deiner Aura zu stehen, genauer gesagt, um in deinem Emotionalkörper zu stehen.

Auch wenn das Ganze völlig unbewusst stattfindet, der Vorgang ist eine Realität, für die uns vielleicht noch die richtigen Begriffe fehlen, aber jeder wird es auf natürliche instinktive Weise spüren. Ohne Intuition und feinstoffliche Antennen kann der Mensch nicht überleben.

Des Öfteren bekomme ich zu hören: »Es ist alles in mir.« – »Aber wo ist der Schlüssel?«, würde ich gerne erwidern. Eine mentale und intellektuelle Feststellung allein reicht kaum aus. Auf keinen Fall sollte man sich einbilden, den Austausch mit dem Gegenüber für unnötig zu halten oder auf alle Geschenke, Werkzeuge, Hilfestellungen, die das Leben für einen bereithält, verzichten zu können. »Es ist alles in mir« will auch gelebt werden, auf eine Weise, die dem Ruf der eigenen Seele entspricht, der Einzigartigkeit deiner Seele.

In der Tat ruhen in dir ungeahnte Fähigkeiten und Möglichkeiten. Es kann sein, dass sie brachliegen, oder dass sie tief im Inneren unter Schichten von Hemmungen, Ängsten, Traumata eingesperrt sind oder unter der Neigung, sich persönlich als Mensch falsch einzuschätzen, begraben liegen. Bekanntlich nutzen wir nur einen geringen Teil unserer DNA und unseres Gehirns. Meine Aussage aber deutet auf eine Ebene hin, die sich tief ausdehnt in unserem wahren Wesen, auf unsere Intuition und auf unsere innewohnende Weisheit. Diese Ebene bezieht sich auf deine Essenz.

»Es ist alles in mir« beinhaltet gleichzeitig das, was ich innerlich erlebe, was ich äußerlich anziehe und wie ich dann damit umgehe. Es ist aber auch die Ver-antwort-ung, die ich gegenüber meinen Mitmenschen und dem Umfeld trage, das heißt der gesamten menschlichen Erfahrung. Die ›Antwort‹, mit der ich dem Ereignis, der Situation, der Welt begegne, das ist es, was in mir liegt.

Es ist alles in mir, weil ich aus dieser einen Quelle stamme, die kosmischen Energien in mir trage und daraus bestehe. Aus diesem Stoff des Schöpfers bin ich entstanden. Auch Du und alles, was existiert. Der göttliche Funke ruht deshalb in dir. Daher ist die Behauptung »Es ist alles in mir« eine Tautologie.

»Ganz schön theoretisch«, wirst du sagen, und du hast recht! Bleiben wir auf dem Boden, denn wir wollen unsere Reise konkret und lebensnah gestalten. Ja, es wäre eine Illusion zu meinen, dass wir nichts und niemanden brauchen, denn alles ist miteinander verbunden, der Mensch ist sowohl Teil des Ganzen als auch sein eigenes Universum. Ein Universum, das sich mit anderen Universen austauscht und ständig interagiert. Das ist eines der Widersprüche, denen wir auf dieser Reise begegnen, wohl das größte Paradoxon, das es gibt. Bediene dich an dem reichhaltigen Buffet des Lebens und teile mit deinen Mitmenschen deine inneren Reichtümer mit einem herzlichen Lächeln, denn jeder trägt alles in sich, die Ganzheit in einer einzigartigen Ausführung.

Manchmal scheint es, als wäre der Schlüssel zu dieser Schatztruhe verloren gegangen. Der Zugang dazu – oder genauer gesagt, die Möglichkeit dir bewusster zu machen, was diese innewohnenden Schätze verbergen – bildet das Leitmotiv dieser Reise. Und so nehmen wir uns vor, auf dieser Fahrt Neues zu entdecken oder eine neue Betrachtungsweise anzunehmen, um so den verschollenen Schlüssel durch fühlende Weisheit wieder ausfindig zu machen.

Klingt es wie ein Rätsel für dich oder ahnst du, dass uns die Reise hinter die Welt des Sichtbaren führen wird? Wir werden Neues aufdecken, Neues, das bei und in dir liegt. Deine Aura umhüllt dich und strahlt deine inneren Prozesse, dein Mitgebrachtes, dein Potenzial, deinen Werdegang in die Welt hinaus.

Sich dieser inneren Göttlichkeit bewusst zu werden, ihr zu begegnen und sie konkret und geerdet auszuleben, ist vielleicht für einige eine Herausforderung. Andererseits könnte das Motto unserer Reise eventuell falsch verstanden und vom ungesunden Ego aufgeschnappt werden, damit es sich rücksichtslos aufblasen kann.

Neugierde über dich selbst, der Ruf des göttlichen Funkens, der Hunger nach ›Mehr‹, die Sehnsucht nach Tiefe und Wahrheit, das Flüstern der inneren Stimme, die Gewissheit, dass es mehr gibt als du siehst, die Suche nach der Antwort auf die Frage: »Wer bin ich?«, das Wissen, dass du hier bist, um etwas zu bewirken, sind nur einige der Motivationen, die dich auf diese Pilgerreise zu deiner Seele und deiner Aura leiten.

Ein Geheimnis muss ich dir noch verraten: Es gibt nicht nur einen Schlüssel, sondern unzählige Türöffner, und manche davon werden wir gemeinsam in den verschiedenen Dimensionen der Aura ausfindig machen. »Es ist alles in mir« ist mehr Versprechen als du ahnst.

1.2 Der Menschheit zuliebe: Die eigene Energiepolitik

Auf dieser Reise geht es darum, die eigenen Energien kennen zu lernen, um über sie bewusst verfügen zu können. Der freie Wille ist deine einzige freie Energie. Wenn er brachliegt oder in einem zu vernünftigen Kompromiss eingeengt ist, steht kaum freie Energie zur Verfügung. Wir wissen seltsamerweise relativ wenig über uns selbst, denn wir sind ständig mit äußerlichen Sachen beschäftigt, als ob wir uns selber abstrahieren würden. Viel von dem übertriebenen Konsum entspricht einer inneren Leere: Wir haben so viel, und doch fehlt uns immer etwas. Erfahren wir mehr über unser Wesen, pflegen wir einen anderen Umgang mit uns selbst. Es ist so leicht, jemand anderen zu spielen. Aber es geht nicht darum, anders zu werden, sondern sich selbst treu zu bleiben und sein eigenes Wesen im Alltag auszuleben. Dazu braucht es Mut.

Es gibt drei geläufige Darstellungen des Menschen: entweder als Sünder, als hoffnungsloser, dummer Zerstörer der Erde oder als Krönung der Schöpfung, die sich und ihre elektronischen Errungenschaften maßlos überschätzt.

Die Menschheit ist unterwegs, wir sind alle auf dem Weg unserer Evolution. Hier streben wir nicht nach Perfektionismus, sondern wir üben uns in der Wiederherstellung eines gewissen Gleichgewichts.

Im Popol Vuh, dem heiligen Buch der Quiché-Maya in Guatemala (Mitte 16. Jahrhundert), steht eine Schöpfungslegende über die Entstehung der Menschheit. Als die Götter bemerkten, dass der Mensch über eine 360° Sichtperspektive verfügte und alles durchschauen konnte, warfen sie ihm Sand in die Augen. Dadurch wurde der Mensch in seiner Wahrnehmung eingeschränkt.

Jetzt ist die Zeit gekommen, unsere natürlichen Potenziale wieder zu aktivieren. Es ist die richtige Zeit, um den Menschen als Abbild Gottes zu ehren und unseren Weg zum göttlichen Menschen zu gehen. Die eigenen kosmischen Energien zu kennen und über sie zu verfügen, bedeutet aber gleichzeitig zu wissen, was wir damit energetisch nähren.

Es ist eine der tiefsten und hoffnungsvollsten Veränderungen unserer Zeit, dass immer mehr Menschen Interesse zeigen für die geistigen und energetischen Zusammenhänge, die sich hinter den materiellen Erscheinungen verbergen. Wir leben in den Zeiten der

Apokalypse – etymologisch aus dem Griechischen bedeutet dies ›Aufdeckung, Offenbarung‹. Wir können uns wahrhaftig freuen, denn immer mehr Wissen, Lösungen und neue Perspektiven werden enthüllt: Wunder im Alltag. Heute begegnete ich einem Menschen, der die Sahara mit freien Energien, viel Herz und Seele zum Blühen bringt[1]. Es gibt sehr viele Menschen überall auf der Erde, die ganz unterschiedliche Wege gehen, die aber alle im Großen und im Kleinen dazu beitragen, dass die Erde und alle Wesen darauf in Harmonie und Frieden gedeihen.

In unserer heutigen Zeit wird eine größere Anzahl von Menschen mit ausgeprägterem Selbstbewusstsein und Wahrnehmungsvermögen (sog. Indigo-, Kristall- und Diamantkinder) geboren als noch in der vorigen Generation. Andere wiederum entwickeln eine Feinfühligkeit und erweiterte Wahrnehmung durch Lebenserfahrungen, hin und wieder durch Unfälle, Schocks und Nahtoderfahrungen, aber auch durch Training, Ausbildungen, Meditation, Kontemplation und durch andere spirituelle Methoden. Es gibt Menschen mit außergewöhnlichen Begabungen: Kinder, die sich an ihre vorigen Inkarnationen erinnern, die ganze Fahrpläne auswendig lernen und Gegenstände auf Entfernung bewegen können (Telekinese) etc. Es gibt hochsensible Menschen, deren fein abgestimmte Sensibilität von den chaotischen Energien des modernen Lebens gestört wird. Diese Personen können ganz bewusst nicht ertragen, was viele unbewusst stört.

Alle Wissenschaften stoßen an ihre Grenzen und sehen sich gezwungen, neue Dimensionen zu erkunden. Der Physiker begegnet dem Metaphysiker, der Mediziner entdeckt, erforscht und übernimmt Methoden, die bis vor kurzem verdrängt, ignoriert und ausgelacht wurden (Akupunktur, Kinesiologie, Photonenwissen), Wissenschaftler und Psychiater sammeln und erforschen Berichte über Nahtoderfahrungen und Inkarnationen …

Es wird viel über Energie und Energiequellen berichtet. Die gewissenlose Ausbeutung der Natur wird die Menschheit und die Besitzer der Erde auf ihre Grenzen hinweisen und dadurch neue Wege zum Gleichgewicht einleiten.

---

[1] Madjid Abdellaziz, siehe www.desert-greening.com

Es existieren viele andere Ressourcen und Möglichkeiten, die offiziell nicht vertreten werden. Es gibt auch eine Art Energiequelle, die uns ständig zur Verfügung steht, und die so nah angesiedelt ist, dass wir sie kaum wahrnehmen, obwohl sie uns tagtäglich vorantreibt: die menschliche Lebensenergie.

Die menschliche Lebensenergie wird offiziell auch nicht vertreten, obwohl die gesamte menschliche Gesellschaft darauf gründet und sie als Triebwerk nutzt und ausnutzt. Die ganze Interaktion beruht auf Energieaustausch, Energieanzapfung, Energieraub, Energieleck, Energiezufuhr, Energiestau, Energiemangel, Energieüberfluss, Energieabzug, Energieverschwendung, Energiereichtum, Energiearmut, Energieausgleich.

Wir besitzen einen physischen Körper und ein feinstoffliches Energiesystem, die Aura. Beide werden durch Lebenskraft, die aus Energiefrequenz besteht, im Fluss und am Leben gehalten, denn Energie ist Kraft und Information. Warum lernen wir in der Schule nichts darüber, wie sie gehandhabt werden kann?

Um einen reflektiven Zugang zu deiner Lebensenergie und Abstand vom äußerlichen Trubel zu gewinnen, solltest du einen Schritt nach innen tun, denn es verlangt ein Umdenken und Umfühlen und die Bereitschaft, eine neue Perspektive sowie einen neuen Platz einzunehmen. Du bist nicht mehr jemand, der nur Anweisungen ausführt, sondern jemand, der weiß, wer er ist, jemand, der weiß, dass er über Energie verfügt, und der weiß, wie er die Energie umsetzen und einsetzen will. Jeder Tag ist ein kosmisches Geschenk – du musst es dir nicht erst verdienen!

Die hellen Sinne sehen, fühlen und hören unterschiedlich schwingende Energiebewegungen und Frequenzen.

Deine subtilen Körper befinden sich innerhalb deines physischen Körpers, aber durch ihre Ausstrahlung energetisch in anderen Dimensionen. Mit der Kraft der Imagination, mit der Ausrichtung der Absicht und der Aufmerksamkeit bereist du diese Dimensionen bewusst und mit offenen Augen.

Während deiner Reise kommst du in Berührung mit deiner Ewigkeit, mit deiner Vielseitigkeit, mit deiner wahren Kraft, mit der Klarheit deiner Absicht, mit deinen Emotionen und Intuitionen, mit deinem Willen und freiem Willen, mit deiner Wahrheit und mit deiner Liebe für das Menschliche in dir, deiner Liebe für die Menschheit. Was trägst du dazu bei?

Wenn die Frequenz der Erde steigt, erhöht sich auch die Vibration der Menschen und aller Wesen auf dem Planeten. Durch die Erhöhung der Schwingung gelangen wir in Ebenen des Bewusstseins, die zuvor unerreichbar waren. Höhere Dimensionen und kosmische Strahlen durchfluten die Erde (aktiviert von Sonnenwinden, Mondfinsternissen und besonderen astronomischen und astrologischen Konstellationen) und durchdringen unser Gewahrsein.

Ganz einfach und pragmatisch: Die Weltsituation erfordert, dass die Menschheit ihre Scheuklappen und ihre einschränkenden Denk- und Glaubensstrukturen erweitert. In der Tat werden wir uns immer mehr mit Energien und unsichtbaren Ebenen auseinandersetzen müssen, wenn wir die Ursachen von Störungen durchschauen und wieder zur Ganzheit finden wollen.

1.3 Entmystifizierte Aura: Spiritualität kann einfach und konkret sein

Über die verschiedenen Epochen und in verschiedenen Kulturen hat sich ein tiefes Wissen über die Aura angesammelt. Geistige Wissenschaften, Mystiker und Esoteriker haben ausführlich zum Thema beigetragen, ebenso wie verschiedene Traditionen im Osten und im Westen (Theosophie, Anthroposophie, Rosenkreuzer) und die Wissenschaft des 20. Jahrhunderts (Wilhelm Reich und Orgon), um nur einige zu nennen. Im Allgemeinen ist dieses Wissen schwer zugänglich und mitunter absichtlich verschlüsselt. Ein gewisser Nebel, eine Undurchschaubarkeit umhüllt zum Teil die Thematik, eine Vorliebe für Geheimnisse verschleiert sie. Die Komplexität, aber auch die Verkomplizierung schränkt den Zugang zum Wissen ein.

Wie bereits vorher erwähnt, steigt die Frequenz und erhöht sich das Bewusstsein, was das Interesse und die Fähigkeit verstärkt, das aurische Feld zu sehen und vieles Unsichtbare zu erfühlen.

Geheimnisse sind nicht notwendig, denn wenn Wahrnehmung und Auffassungsvermögen zu beschränkt oder nicht vorhanden sind, um die Information aufnehmen und verarbeiten zu können, werden sie übersehen, verdrängt, vergessen oder ersetzt durch etwas Bekanntes und somit verfälscht oder missverstanden. Das sogenannte ›Geheimnis‹ bleibt geheim.

Kollektive Ängste und vorgefasste Meinungen über unsichtbare Dimensionen fördern Verwirrung und Ignoranz in feinstofflichen Bereichen, aber diese werden zunehmend von einem natürlichen, normalen Umgang mit unserer Kraft ersetzt. Dazu soll auch dieses Buch beitragen.

Mir liegt am Herzen, anwendbares Wissen und Erfahrungswerte an alle, die dafür offen sind, weiterzugeben. Manche Techniken werden dir sofort entsprechen, für andere wirst du etwas länger brauchen, bis du sie in deinen Alltag integrierst. Manche wirst du schnell vergessen, andere werden dir Türen öffnen und dich lange begleiten. Dein Zugang und dein Umgang sind ganz individuell. Hauptsache ist, dass du das Passende für dich findest. Was hier weitergegeben wird, soll auf keinen Fall eine abstruse Lehre darstellen, die nur von denjenigen angewendet werden kann, die sie gestaltet haben. Das Ziel der Übungen ist, dass du die universellen Energien im Hier und Jetzt auf einfache Weise für dich nutzen kannst.

In meinen Kursen und Seminaren sind viele Menschen positiv überrascht, wie leicht die höheren Dimensionen ihren feinstofflichen Veranlagungen ohne langwierige Meditationen, Anrufungen und Rituale zugänglich sind. Sie sind unmittelbar durch die sanfte Einstellung der ätherischen Sicht imstande, die Aura wahrzunehmen, die Chakren zu sehen und zu erspüren und subtile energetische Veränderungen zu verfolgen, den eigenen Heiler zu aktivieren und sogar Naturwesen in ihrem freien Umfeld zu sichten.

Die erste Station führt dich an einen ruhigen, geschützten Ort, an dem du ungestört bist, ein Ort, an dem du dir selber begegnest.

2 Begegnung mit dir selbst

2.1 Wer bist du eigentlich?

»Seele, wie möchtest du deine Begegnung mit dir selbst gestalten? Möchtest du einen bestimmten Termin vereinbaren oder ein Fest veranstalten? Du bist zwar 24 Stunden am Tag, sieben Tage die Woche, 365 Tage im Jahr über mehrere Jahrzehnte ständig mit dir zusammen. Wie viel von dieser Zeit bist du aber bei dir?«

»Zu wenig würde ich sagen, denn ich bin viel mit anderen Menschen zusammen und mit unzählig vielen Dingen beschäftigt. Theoretisch sollte es mich nicht von mir abhalten, aber ich lasse mich gerne mitreißen. Ich möchte mich jetzt vor den Spiegel setzen und mich anschauen. Ich werde mir die Hand reichen und mich mit Namen begrüßen.«

»Das ist ein guter Anfang, ein sinnvolles Ritual, das eine bewusste Begegnung mit dir verkörpert. Du identifizierst dich mit deinem Namen, aber du bist nicht dein Name, und du bist auch nicht dein Körper, und ebenso wenig bist du deine Emotionen und deine Gedanken. Den Namen, den Körper, die Gefühle und die Gedanken besitzt du in Ebenen deines Wesen, die wir einzeln auf unserer Reise erkunden werden. Aber wer steckt dahinter, wer bist du eigentlich wirklich?«

»Ich bin mein Höheres Selbst!«

»Ja, du wirst wohl von deinem Höheren Selbst geleitet, geschützt und inspiriert, und du darfst dich jederzeit an diesen vollkommenen Aspekt deines Wesens wenden, denn er kennt deinen Werdegang. Dein Höheres Selbst ist dein unsterblicher Aspekt. Du besitzt, wie du siehst, viele verschiedene Anteile; dein Wesen ist multidimensional, und deine Natur ist geistiger Herkunft. Aus dem Rahmen der Unendlichkeit und des Formlosen bist du entstanden mit der Absicht, die physische menschliche Gestalt anzunehmen, um eine menschliche Erfahrung auf Erden in diesen besonderen Zeiten des Wandels zu machen.«

»Gilt das auch für andere Menschen?«

»Selbstverständlich. Für alle sieben Milliarden.«

»Ich bin sprachlos … verzeih, wenn ich Zeit brauche, um eine Vorstellung davon zu bekommen. Es fühlt sich an wie ein geistiger Verdauungsprozess, der ein gewisses Umdenken verlangt.«

»Nimm kleine Bisse! Sagt man nicht, man soll langsam essen, die Nahrung erst einmal einspeicheln und bedächtig kauen, um alle Bestandteile absorbieren zu können? So wie wir Lebensmittel durch den Darm prozessieren und verdauen, so nehmen wir auch geistige Nahrung auf und brauchen Zeit, um sie auf unserer Denk-Fühl-Ebene zu verarbeiten.«

»Wenn ich da vor dem Spiegel sitze, sehe ich nur meinen Körper, aber ich weiß natürlich, dass ich mehr bin. Trotzdem ist es für mich anstrengend mir vorzustellen, dass ich ein Teil der Unendlichkeit bin. Einerseits kann ich es erkennen, andererseits bin ich ›nur ich‹!«

»Gerade das ist es! Dieses Paradoxon ist gewöhnungsbedürftig und sprengt die üblichen Denkschablonen.«

»Dann bin ich mit diesen vielseitigen Facetten meines Wesens und dank dieses göttlichen Anteils ›jemand Wichtiges‹?«

»Ja und nein. Du bist alles und nichts. Du bist ein Teilaspekt des Ganzen und gleichzeitig du selbst. Ein Tropfen aus dem Ozean der Unendlichkeit, woher du stammst, und wohin du zurückkehren wirst. Immer wieder!«

»Als Tropfen bin ich mit dem Ozean verbunden. Ich bin nicht der Ozean, sondern Teil davon. – Es berührt mich zu denken, dass das ›Ozeanische‹, das ›Kosmische‹ in mir liegt.«

»Die Anerkennung deiner Zugehörigkeit ist Nektar für deine Seele. Wenn du sie negierst oder vergisst, trocknest du als Tropfen aus. Der Tropfen gibt seine Lebendigkeit und seine Daseinsberechtigung ab, wenn er sich vom Großen Ganzen abtrennt. Kraftlosigkeit, Depression und Sinnlosigkeit resultieren davon. Der Tropfen bleibt ein Tropfen. Wenn er aber weiß, wer er ist, und er stets in Wechselbeziehung mit seinem Ursprung bleibt, verleiht ihm dieses Bewusstsein die Urkraft, sei es im physischen, psychischen sowie im geistig-spirituellen Bereich. Es ist seine Kraftquelle, sein Ursprung und sein Ziel, wohin er schlussendlich zurückkehrt.«

»Das lässt nicht viel Platz für das Ego!«

»Dafür aber eine Menge Raum für die echte Selbstannahme und für die Selbsteinschätzung als göttlicher Mensch. Der Begriff des ›Hologramms‹ ist dir bekannt: Das ist das Prozedere, das die Interferenz zwischen zwei Teilen eines gespaltenen Laserstrahls verwendet, um ein Muster erscheinen zu lassen, das zunächst bedeutungslos erscheint, bis es dann auf geeignete Weise beleuchtet wird. Das 3D-Bild, der wahre Mensch, erhält erst durch die geistige Beleuchtung seine echte Schwingungs- und Spannbreite. Kenntnisse und Bewusstsein über die wahre Essenz und Herkunft sind die Basis für das ganze Leben.«

»Meine Eltern haben mir das nicht gelernt. In unserer Familie wurde uns eher beigebracht, wie wir zu funktionieren haben. Meinen Geschwistern und mir wurde vorgeführt, wie unfähig, tollpatschig oder unbegabt wir waren. »Das kannst du immer noch nicht!«, »So sollst du sein, so wie die anderen!«. Solche Sprüche waren fast täglich zu hören. Sie hinterließen den Eindruck, wir seien nicht gut genug.«

»Das ist die Falle in einer solchen Erziehung, die die Essenz des Menschen ignoriert und ihre Aufgabe auf ein ›So-musst-du-sein-Schema‹ reduziert. Durch den Zwang zur Angepasstheit und Unauffälligkeit wird die Einzigartigkeit der Seele verdrängt, verschüttet, bis sie nur noch ein leerer Begriff für die Mehrheit der Menschen ist. Selbstentfremdung ist das Ergebnis. Aber es ändert sich allmählich. Immer mehr Menschen und Einrichtungen stellen sich auf das seelische Potenzial des Kindes ein. In einer erleuchteten Gesellschaft würden sich Eltern, Erziehende und Lehrer die Botschaften der Astrologie, der Numerologie, des Aura-Lesens, der Physiognomik und der vielen anderen Methoden, die die Anlagen des Menschen entziffern und deutliche Orientierungshilfen darstellen, zunutze machen oder in die Erziehung integrieren. Diese geistigen Wissenschaften – richtig verstanden, gedeutet und vermittelt – beschleunigen und unterstützen Begabungen und Talente, bringen der Seele Anerkennung entgegen und definieren die Lebensaufgaben. So erhielten Eltern Wegweiser und Anhaltspunkte für das Wesen ihres Kindes und seinen Werdegang.«

»In meinem Fall hätte mir diese Art Erziehung viel Leid und Verwirrung erspart. Ich wünschte, dieses erweiterte Bewusstsein wäre allen zugänglich, die dafür empfänglich sind.«

»Das ist das Ziel unserer Aura-Entdeckungsreise, die die Begegnung mit sich selbst voraussetzt.«

»Wann fangen wir mit der Aura-Arbeit an?«

»Ich sehe und verstehe deine Ungeduld! Wir können gleich eine praktische Übung durchführen. Wir begeben uns auf den Weg.«

2.2 Praktische Umsetzung: Die Aura streicheln

Die folgende Technik ermöglicht dir die Behandlung deiner eigenen Aura, um sie allgemein zu stabilisieren, so dass sie dir einen wirksamen Schutz verleiht. Die globale Aura, diejenige, die alle Schichten beinhaltet, ist grundsätzlich ein Schutzmantel. Ist sie zu dünn, unregelmäßig oder zerrupft, ist ihre Schutzfunktion beeinträchtigt.

Das ›Streicheln‹, wie ich diese Prozedur gerne nenne, weil es sanft und achtsam ist und vor allem die eigene Weisheit der Aura anregt und respektiert, ist ein einfacher Vorgang.

»Stell dir vor, dass dir ein kleines Abbild von dir gegenübersteht. Begegne ihm mit der Ehrfurcht, die zu dieser meditativen Arbeit gehört, sei es bei deiner eigenen Aura oder derjenigen eines anderen Menschen. Am besten führst du die folgende Streichbewegung im Stehen mit entspannten Handinnenflächen und nebeneinandergelegten, nicht gespreizten Fingern durch. Beginne auf der rechten Seite der vor dir stehenden Gestalt und streichle von oben nach unten. Fahre fort, immer weiter nach links im langsamen, regelmäßigen Rhythmus. Stell dir dann vor, wie deine projizierte Gestalt sich allmählich umdreht, bis sie dir wieder von Angesicht zu Angesicht gegenübersteht. Du führst deine Handbewegung weiter und beobachtest, wie das Aura-Streicheln sich anfühlt.«

Tiefes Seufzen.

»Was empfindest du?«

Nochmals tiefes Seufzen – »Es ist wohltuend, ich werde ruhiger.«

»Was beobachtest du weiter?«

»Ich habe immer mehr das Gefühl, dass etwas sich entfaltet oder sich unter meiner Hand aufbläst, als ob die Aura meiner Imaginationsgestalt tatsächlich unter meiner Hand Form annehmen würde. Ich kann das nicht verstehen.«

»Dein Verstand hat Mühe, diese Beobachtung zu integrieren. Vertraue bitte deiner Vorstellungskraft und deinem Gespür.«

»Ich habe tatsächlich immer mehr den Eindruck, dass ich wieder in Ordnung gebracht werde, wie wenn alles seinen richtigen Platz einnähme. Wie kann das sein?«

»Das Streicheln der Aura wird immer positiv empfunden, außer es wird hektisch durchgeführt. Wenn du den Ausgangspunkt erreicht hast, wiederhole es noch zweimal, bis die Aura stabil und abgerundet und versiegelt ist. Wir haben gemeinsam die Einsicht gewonnen, dass du nicht nur deine physische Erscheinung bist, sondern dass du energetische und feinstoffliche Aspekte hast. Und sie sind durch deine Absicht und deine Imagination leicht zugänglich.«

»Wieso kann eine solche Übung durchzuführen, ohne viel über die Aura, Energien und feinstoffliche Anatomie zu wissen?«

»Deine Intuition und dein Gespür gehören zu deinen natürlichen Veranlagungen. Die Vernunft hegt leichte Zweifel, weil diese Tätigkeit für sie ungewöhnlich ist. Sie fragt sich: »Kann ich das wirklich?« – »Ich weiß doch nicht, wie es geht.« – »Spüre ich das tatsächlich?« – »Kann es so einfach sein?« Um es deinem mentalen Verständnis leichter zu machen und die Realität des Vorgangs zu bestätigen, kannst du Affirmationen verwenden und den Vorgang laut kommentieren, etwa so: »Ich bin durchaus in der Lage, die Aura mit meinen Handflächen zu streicheln.« – »Ich vertraue meinem Gefühl.« – »Obwohl die Übung neu ist, kann ich sie leicht und gut durchführen.« Sprich einfach deine Affirmationen mit deinen eigenen Worten.«

»Was für eine wundersame Entdeckung! Es fühlt sich an wie ein leichtes Luftkissen unter meiner Hand.«

»Diese besonderen ›feinstofflichen Streicheleinheiten‹ kannst du bei willigen Freunden tatsächlich durchführen.«

Wir haben kaum unsere Reise begonnen und wollen die Begegnung mit uns selbst weiter voranbringen.

2.3 Innehalten: Das Tempo verlangsamen

Unsere erste Haltestelle führt uns ins Reich des Hier und Jetzt. Sofort ist es, als fiele eine Last ab: so zu sein, wie man gerade in diesem Augenblick ist, nichts zu tun, nirgendwo hinzugehen, und das in seiner gegenwärtigen Unmittelbarkeit. Es reicht aus, den Prozess zuzulassen, und sofort erlebt man eine gewisse Entspannung und ein Gefühl von ›Es ist alles in Ordnung, so wie es ist‹.

Zwei Verfahren werden wir benutzen, um die Ankerung des Bewusstseins im Hier und Jetzt zu festigen: erstens die Beobachtung der eigenen Gedanken, und zwar sowohl in der Meditation als auch im Alltag. Frage dich immer wieder: »Woran denke ich jetzt?« und lenke gezielt deinen Gedankengang zurück auf deine gegenwärtige Beschäftigung. Mach eine Gewohnheit daraus, deine Gedanken in der Gegenwart zu fokussieren auf deine aktuelle Umgebung und auf die Tätigkeit, die du im Moment ausführst. Gestatte dir ab und zu, deinen Gedanken freien Lauf zu lassen, und gib dich sogar Tagträumen hin, aber nur, wenn du die bewusste Entscheidung dazu triffst. Zweitens: Übe dich darin, deine Reaktionen und Empfindungen Schritt für Schritt zu beachten und zu verfolgen und individuelle Veränderungen im Hier und Jetzt wahrzunehmen. Alles im Leben, auch das Leben an sich, ist ein ständiger Prozess. Indem wir die ganze Spannbreite des Augenblicks auskosten, spüren wir, beobachten wir und treten allem mit Ehrfurcht gegenüber und laden die Tiefe und die Faszination des Seins ein, unabhängig davon, wo wir sind und was wir tun. Es ist genau das Gegenteil von dem langweiligen oder gestressten Leben, das zu Selbstentfremdung führt. Durch dieses ›Sich-auf-den-Augenblick-einlassen‹ eliminieren wir zugleich alle ›Geschmacksverstärker‹, die den grauen Alltag künstlich intensivieren, im buchstäblichen wie im übertragenen Sinn. Auf Dauer stumpft die Übertreibung der Emotionen die Sinne ab und macht süchtig. Kehr zurück zu stillen Momenten, gönne dir Zeit, einfache Freuden, die überwiegend kostenlos sind: frische Luft, Sonne, Bewegung, Natur, gute Freunde, Familie, Liebe, Tiere, Studium eines faszinierenden Themas, Meditation, Kunst, Musik …

In der Stille scheint sich die Zeit in die Länge zu ziehen; auf subjektive Weise ermöglicht die Stille mehr Raum. Der Raum dehnt sich aus für Reflektion, Eingebungen, Gefühle und Schöpfungskraft. Mehr Zeit und mehr Raum durch mehr Stille. – Das klingt wie eine reißerische Werbung, an der jedoch keiner verdient. Der Raum kann selbstverständlich eine innere Dimension sein, wo man gleich entspannter und offener, empfänglicher wird. Sofort wachsen Antennen, die uns mit natürlichen, freien Energien verbinden: Regeneration durch Schlaf, Meditation, negative Ionen[2] und Gelassenheit und Kraft. Man wird dich vielleicht genügsam nennen, weil du so wenig brauchst, vor allem aber bist du von so viel Unnützigem befreit.

Stille und Genügsamkeit schaffen auch Raum für manches, was im Strudel des Alltages und unter der allgemein aufgesetzten Fassade tief unter der Oberfläche begraben liegt. In der Tat ist Stille ein Katalysator. Sie bewirkt in sich nichts, aber gerade durch das Innehalten ermöglicht sie aufsteigende Prozesse, die dann im Bewusstsein auftauchen. Am Anfang können sie eine Herausforderung bedeuten. Ich rate dir, stets gut und ehrlich zu dir zu sein, und dich allmählich mit diesen Vorgängen und Gefühlen anzufreunden, auch wenn das Ego am liebsten davonlaufen und fernsehen würde.

In den 80er Jahren arbeitete ich in Zürich in der ehemaligen Bircher Benner Klinik. Das Bircher Müsli kennen viele, aber der philosophische Hintergrund, der dem Werk von Dr. Bircher Benner zugrundeliegt, ist wenig bekannt. Er verbindet die Wiederherstellung der Gesundheit mit der Beachtung der natürlichen Gesetzmäßigkeiten. Außer dem frisch zubereiteten vitalen Bircher Müsli (das mit den süßen Müslis mit getrockneten Früchten nichts gemeinsam hat) wurde eine gewisse Lebensphilosophie und der achtsame Umgang mit dem eigenen Körper und der Seele vermittelt. Dazu gehörte die radikale Umstellung der üblichen Lebensweisen im einmalig schönen Rahmen der Klinik am Zürichberg mit der herrlichen Aussicht auf den Zürichsee. In privaten, einfachen Räumen (kein TV, kein Radio, keine elektrischen Geräte, nur Telefon) wurden die Patienten ermutigt, durch Ruhe und Besinnung sich selbst zu begegnen, Abstand zu gewinnen von ihrem gestressten Alltag, alle Süchte aufzugeben

[2] Negative Ionen fördern die Gesundheit. Sie sind in der Natur zu finden, z. B. in der Bergluft, neben Wasserfällen, am Meer.

(Rauchen, Kaffee, Süßes, Alkohol usw.) und Tabula Rasa zu machen, um mit sich ins Reine zu kommen. Viel Zeit zum Schlafen, zum Lesen, zum Nachdenken, aber auch zum Meditieren, Zeit um Gespräche zu führen mit den Ärzten und Schwestern, die immer ein offenes Ohr für die Patienten hatten. Zeit, um nichts zu tun, um nicht zu sein, was man sonst sein muss. Die Umstellung bringt tiefe Einsichten, das Abstellen von Suchtmitteln verlangt Überwindung, führt aber auch zu einem Umdenken, hin zu einer ganzheitlichen Gesundung.

Die Zeit zu entschleunigen kann auch als Achtsamkeitsübung betrachtet werden: Handlungen bewusst durchführen, effizient und überlegt in einem angemessenen Rhythmus; ein wenig gemächlicher gehen, ein wenig leiser sprechen, tief und regelmäßig atmen, sich gelassen bewegen. Solange du nicht auf der Notfallstation, im Rettungsdienst, als Feuerwehrmann tätig bist, kann alles einige Sekunden länger dauern. Die gesundheitlichen Vorteile sind vielfältig: Ausgleich von Blutdruck, Atem, Puls, Herz, Verdauung, Entspannung des vegetativen Nervensystems, Harmonisierung psychosomatischer Reaktionen und eine strahlende, ausgedehnte Aura. Zusätzlich wird sich deine wohltuende, ausgeglichene Schwingung auf deine Mitmenschen übertragen, die dankbare Bemerkungen machen werden: »Du bist so gelassen, das tut regelrecht gut.«

Soll ich dir verraten, wer mir Achtsamkeit im Handeln und Innehalten beibrachte? Poupette, mein graues Kaninchen! Es wurde zu meinem geschätzten Lehrer. Ich hatte die Gewohnheit mich hektisch zu bewegen, was für mich Effizienz bedeutete. Poupette aber war, wie alle Kaninchen, sehr ängstlich: Meine abrupten Bewegungen, mein schnelles, lautes Handeln, mein Stolpern, meine allgemeine Unruhe ließen es flüchten. Ich verstand schnell: Ich sollte mich sanfter, langsamer und rücksichtsvoller verhalten. Das war eine gute Lektion, die ich nicht verlernt habe, denn sie hat meinen Alltag bewusster und meditativer geprägt.

2.4 Die Basis: Neue Spielregeln

Jetzt hast du ein neues Selbstbewusstsein und kennst die Kraft des Innehaltens. Gemeinsam wollen wir neue Gesetze, nennen wir sie lieber ›Spielregeln‹, aufstellen. Wir wollen weiterhin gelassen bleiben.

Uns fremde Realitäten werden nach dem Prinzip ›Was man nicht sieht, gibt es nicht‹ nicht selten negiert oder als seltsam abgestempelt. Daraus entsteht die allgemein angenommene Ansicht, eben ein Konsens, wie z. B. »Die Aura gibt es nicht!«. Die Scheuklappen sind aufgesetzt. So ist es nun einmal. Bitte deshalb nicht streiten und auf keinen Fall jemanden überzeugen wollen. Familie und Freunde reagieren darauf besonders allergisch.

Hauptsache ist, dass es dir gelingt, deine eigene Scheuklappensicht zu erweitern. Natürlich bleiben deine Entwicklungen und Bewusstseinssprünge nicht unbemerkt. Du verbreitest und sendest unwillkürlich eine ganz andere Frequenz durch den Äther, wenn du auf deinem Weg vorankommst. Ja, deine Aura strahlt eine andere Schwingung aus oder eine feinere, differenziertere energetische Information in die Welt hinaus. Damit öffnest du Tore für andere Menschen, und das Festgefahrene wird indirekt ›aufgeweicht‹ und ausgedehnt. Das ist der planetarische Transformationsprozess, zu dem du auf deine ganz persönliche Weise beiträgst. Dein Beitrag wird erwartet. Würde er fehlen, wäre das Puzzle fehlerhaft und unvollständig. Tu, was du zu tun hast, nämlich du selbst sein.

Deine erste Säule ist deine Beobachtungsgabe. Sie wird jetzt verfeinert von innen wie von außen. Du bist ein Beobachter: Deine Seele betrachtet, was du in dieser Inkarnation an Erfahrungen, Reaktionen, Bereicherungs- und Reifungsprozessen ansammelst. Sie leidet nicht, sie urteilt nicht, sie macht kein Drama aus etwas. Sie beobachtet nur, also beobachte mit und vertraue deiner Beobachtung.

Vertraue auch deiner Imagination. Die Vorstellungskraft ist deine zweite Säule, die zusammen mit deinen Sinnen dir ganz einfach und dennoch atemberaubend Tore zu weiteren Dimensionen erschließt.

Die dritte Säule ist die Anerkennung deiner angeborenen innewohnenden Fähigkeiten. Du besitzt alle notwendigen, natürlichen

Begabungen, die gebraucht werden, um die feinstoffliche Welt zu erkunden.

Deine Selbstannahme und dein Selbstwert bilden die vierte Säule. So wie du bist, bist du okay. Das ist eine ganz wichtige Erkenntnis, die einen ungeheuer nach vorne treibt. So viele spirituelle Menschen bleiben in ihrer Entwicklung stecken, weil sie ständig mit und gegen sich kämpfen.

Die fünfte und letzte Säule lautet: Es ist in Ordnung, sich selbst[3] zu sein. Du bist wie kein anderer, und kein anderer ist wie du. Deine Einzigartigkeit ist dein göttlicher Ausdruck. Wenn die Wissenschaft fähig ist zu beweisen, dass jedes Eiskristall einmalig ist, sollte es ebenso selbstverständlich sein, dass die Einzigartigkeit jedes Menschen anzuerkennen und zu ehren ist. Jeder Mensch ist ein Abbild der unendlichen Schöpfungskraft. Wer klont, formatiert, vereinheitlicht und kontrolliert, der steht nicht im Einklang mit dem Schöpfer.

Und jetzt kommt die beste Nachricht: Das Universum, die besagte unendliche Schöpfungskraft, unterstützt dich in deinem Gewahrsein, in deiner Entfaltung und deinem Streben. Es fördert die Verwirklichung deiner Träume, deiner Realität. Mach mit und gestatte ihm, dir zu helfen, denn es geht um Zusammenarbeit und um gemeinsames Spiel.

2.5 Atmung und Absicht: Eine Übung für den Alltag und in allen Lebenslagen

Ist dir schon aufgefallen, dass ich eine Vorliebe habe für einfache, klar definierte und leicht durchführbare Dinge? Durch Komplexität und Überspezialisierung verlieren wir gerne die Übersicht und den Zugang zum Wesentlichen. Wir sperren uns ein in egoschwellende Gedankengänge und vergessen dabei die Liebe, die Verbundenheit, die Melodie und den Tagtraum, der uns mit allen Wesen vernetzt.

Die Atmung, der natürliche Rhythmus des Ein- und Ausatmens, verbindet uns mit dem Kosmos und mit allem Lebendigen, mit dem

---

[3] In diesem Buch geht es um die Individualität und die Einzigartigkeit jedes Menschen. Ich entscheide mich bewusst für die Form »sich selbst« im Gegensatz zu »man selbst«. Diese sprachliche Differenziertheit soll die Betonung auf den Prozess der Individuation (nach C. G. Jung) legen.

rhythmischen Puls des Lebens, der alles durchströmt. Wir atmen, ob wach oder im Schlaf, unser ganzes Leben lang. Eines Tages werden wir uns mit einem letzten Ausatmen von diesem Leben verabschieden. Das ist die einzige Gewissheit in diesem Leben: Es wird nur ein einziges Ausatmen geben, dem kein Einatmen mehr folgen wird.

Machen wir uns diesen ständigen Austausch mit dem Universum bewusst: Alle lebendigen Wesen verlassen das Leben auf ein letztes Ausatmen hin. Nie gibt es eine Garantie, dass der Brustkorb sich wieder heben wird, nachdem die Lungen ausgeatmet und sich geleert haben ... und doch ist es jedes Mal erneut ein Wunder.

Dieses automatische Ein- und Ausatmen wollen wir mit der Absicht kombinieren, es bewusster werden zu lassen. Mit dem Ausatmen sollen nicht nur die verbrauchte Luft, sondern auch die alten, einengenden Gewohnheiten, Selbstbilder, geistigen, mentalen, emotionalen Strukturen ausgeatmet werden. Beim Einatmen machen wir uns dagegen empfänglich für die alles durchdringende kosmische Kraft. Ausatmen, was wir nicht mehr brauchen, einatmen, was uns mit der Unendlichkeit verbindet, mit der Quelle allen Lebens. Überall und jederzeit folgen wir ohne die geringste Anstrengung dem natürlichen Atemrhythmus, wobei wir uns nach und nach von Ballast befreien. Beim Einatmen konzentrieren wir uns auf die Aufnahme von überall vorhandener Prana und Lebenskraft. Wir verleiben uns die universelle Energie durch die Ausrichtung unserer Absicht ein. Auf diese Weise wird eine automatische Körperfunktion des neurovegetativen Systems zu einer bewussten spirituellen Technik: Wir vergegenwärtigen uns unseren kosmischen Ursprung im Alltag. Das fördert unseren unmittelbaren Zugang zur allgegenwärtigen Kraft – der Kraft in uns.

2.6 Vereinbarung der Polaritäten: Gegensätze begegnen sich

In unterschiedlichen Religionen werden zum Beten die Handinnenflächen zusammengelegt. Dies ist kein leeres Ritual, sondern es werden dadurch die entsprechenden Polaritäten der Hände, der

Finger oder Fingerglieder gegenübergelegt, die wiederum durch das Zusammenfügen der gegensätzlichen Polaritäten eine Einheit bilden.

Alles im Universum ist polarisiert durch einen Plus- und einen Minus-Pol. Das gilt sowohl für unseren Körper als auch für unsere Aura und ihre unterschiedlichen Schichten, wobei Männer und Frauen gegensätzlich polarisiert sind.

Es ist einen Versuch wert: Lege deine Handflächen unvoreingenommen aneinander. Nach den ersten thermischen, physischen Empfindungen breitet sich eine Wahrnehmung des Gleichgewichtes aus, und es entsteht eine innere Ausrichtung, die dich weiter zu dir bringt. Die Gebetshaltung überbrückt unsere polaren Aspekte und fördert eine neue Balance. Die Gegensätze ziehen sich energetisch an und gleichen sich aus auf eine neue Ebene. Und so wird es auch sein, wenn unsere grobstofflichen Empfindungen ergänzt werden. Unser Gewahrsein bereichert, verfeinert und erhöht sich auf eine weitere Ebene, auf eine neue Realität mit breiteren Perspektiven.

Tag und Nacht ergänzen sich zu einem vollständigen 24-Stunden-Rhythmus. Um etwas anderes handelt es sich, wenn Licht und Dunkelheit im religiösen, moralischen, ethischen, metaphysischen, philosophischen und spirituellen Sinne gleichgesetzt werden. In der Esoterik weit verbreitet wird dieser Begriff missverstanden und salopp verwendet wie in solchen Sprüchen: »Wo viel Licht ist, ist auch viel Schatten« und Wort-Paare wie ›gut und böse‹ werden in ein ›Two-in-one-Paket‹ geworfen, was dazu führt, dass manche behaupten, dass ›man nicht zu gut sein sollte …‹.

Es gibt nur eine einzige Quelle, und auch wenn manche Energien sich von der Quelle entfernen und versuchen, sich dann abzutrennen, sind sie unweigerlich und unvermeidbar Teil des Einen – auch dann, wenn sie aus freiem Willen entgegengesetzte Wege gehen und die Quelle verleugnen. Aber ohne die ursprüngliche Kraft würden sie nicht existieren. Das Höchste Streben sehnt sich nach Einklang mit der Einheit und nach Evolution.

Wir besitzen zwei Gehirnhälften, die sich ergänzen. Auch wenn man die rechte Gehirnhälfte trainiert, ist es nicht das Ziel, nur noch intuitive Wesen zu werden, sondern den Corpus Callosum – als Verbindung zwischen beiden Hemisphären – zu entwickeln und ein Gleichgewicht zwischen beiden zu erzielen, um eine ganzheitliche

Wahrnehmung und Intelligenz zu erreichen. Die Betrachtung von 3D-Bildern, insbesondere von Stereogrammen, kann die Entwicklung der Sehkraft und des Gewahrseins auf entspannende und meditative Art fördern.

Die Natur strebt immer wieder nach Gleichgewicht. Wenn wir Tendenzen, Gewohnheiten, persönliche Züge bekämpfen, neigen wir naturgemäß dazu, ins andere Extrem hineinzugleiten, was dann energetisch genauso aus der Balance ist. Die Lösung ist sanft und friedlich: Kämpfe nicht gegen negative, sondern stärke und fördere deine positiven Eigenschaften. Somit werden die unerwünschten Aspekte ausgehungert und mit der Zeit stillgelegt. Nähre das, was du fördern möchtest, lass deine Energie fließen in das, was du leben und erleben möchtest. Es ist ein freudiger Prozess, der unmittelbar von Erfolg gekrönt sein wird. Der Kampf wird nicht mehr gebraucht, weil die neue Perspektive zu deutlichen, ermutigenden Fortschritten führt.

Eine andere Möglichkeit besteht in dem ›Sowohl-als-auch-Prinzip‹ der Anerkennung der ganzen Palette deiner Extreme von einem Pol bis zum Gegenpol. Alles ist möglich, alles ist vorhanden, aber du besitzt den freien Willen und deine Unterscheidungsfähigkeit, um denjenigen Weg zu wählen, auf den du deine Energie, deine Kraft und deine Absicht lenken möchtest. Setz dich auseinander, beschäftige dich und verbringe deine Zeit mit der Realität, die du leben willst. Auf diese Weise setzt du sie sofort um. Stell also die Dinge in deinem Leben in Frage, innen wie außen, immer wieder, sonst fangen sie an zu stagnieren. Stell sie in Frage, aber zweifle nicht, denn Zweifel spalten dich und führen zur Ver-zwei-flung. Bleibe eins mit dir und identifiziere dich mit deiner Höchsten Instanz, mit deiner Seele und deren Ausdruck: deiner Einzigartigkeit.

2.7 Ablenkung: ›We love to entertain you‹

»We love to entertain you« – »Wir lieben es, euch zu unterhalten« ist ein allseits bekannter Werbeslogan. Ich würde gerne wissen, wer hinter ›wir‹ steckt, denn die Qualität und das Niveau von vielen Zeitvertreiben und Unterhaltungsprogrammen sind sehr niedrig und tragen keineswegs zur Entwicklung des menschlichen Bewusstseins bei, sondern bewirken vielmehr das Gegenteil.

Der Mensch ist leicht zu formen. In der Tat liegt alles in uns, von unseren edelsten, göttlichen Anteilen bis zum Abgrund. Es liegt in der Verantwortung jedes Einzelnen, die produktive, kreative, erweiternde Ausrichtung seines Handelns, seiner Emotionen, seiner Gedanken und seines geistig-spirituellen Strebens umzusetzen. Das verlangt Entscheidungs-, Unterscheidungs- und Ausführungskraft, Ausdauer und selbst auferlegte Disziplin. Ein Teil der Menschheit lässt sich zu einer betäubenden, konsumierenden Routine verführen, die ihr Zeit und eigenständige Denkfähigkeit raubt und ihr Verhalten prägt. Das beste Beispiel dafür ist das Fernsehgerät, aber auch PC und Spielkonsolen, die natürlich in keinem Haushalt fehlen dürfen, verhindern die persönliche Entfaltung. Diese Zeitvertreibskultur, die auch übermäßige Trink- und Essgewohnheiten – Essen, ohne Appetit oder Hunger zu verspüren – mit einbezieht und nur eine Stopfroutine darstellt, stumpft den Menschen ab und führt nur dazu, dass seine selbstbestimmende, kreative Entdeckungsreise in diesem Leben erschlafft. Der Begriff des ›Zeitvertreibs‹ hängt zusammen mit ›Selbst-Entfremdung‹. Aus welchem Grund könnte man sich sonst wünschen, seine Zeit zu ›vertreiben‹? Wenn man einsieht, dass das Leben ein göttliches Geschenk ist, eine Gelegenheit darstellt, sein Wesen zu entfalten, zu lernen, Wunderschönes zu erleben und mit anderen Wesen zu teilen, wie ist es dann möglich, seine Zeit vor einem Gerät zu verbringen, das die kognitiven Fähigkeiten einschränkt und abhängig macht, um später zu klagen, dass man keine Zeit hat?

Auch wenn du dir vornimmst, etwas Neues anzufangen oder einen dieser Zeitvertreibe aufzugeben, wirst du umso deutlicher seine nach unten ziehende Macht zu spüren bekommen: Er will dich von deinem Vorhaben ablenken und dich auf keinen Fall freilassen. Du möchtest dich z. B. auf eine Übung konzentrieren, es kann jedoch sein, dass du abgelenkt bist, weil du an eine Fernsehsendung oder an das Internet denkst. Die alte Gewohnheit hält dich fest! Gerade das ist eine hervorragende Situation, deine Willenskraft zu schärfen und zu praktizieren.

»Manchmal ist es aber so schwer zu widerstehen, dass ich fast unbewusst zum Kühlschrank hinlaufe.«

»Perfekt! Fernseher und Kühlschrank halten den Menschen tief in seinen Überlebenstrieben (1. Chakra) und übersättigen ihn, so dass sein senkrechtes Streben nach oben (7. und 8. Chakra) nach Austausch mit der Welt und anderen Wesen vernichtet wird. Er schottet sich ab, registriert nicht mehr, was er wirklich will oder braucht und findet nur noch die Kraft, um nach der vorgegebenen Vorlage zu funktionieren. Übermäßiges Essen oder ständiges Naschen belastet die Verdauungsorgane und sammelt auf Dauer die Energie im Solarplexus. Es bleibt wenig übrig für die eigenständige Denkfähigkeit, Reflexion und die meditativen Prozesse.«

»Es ist, als ob ich zum Kühlschrank geführt werde. Dann habe ich Lust auf ein Stück Schokolade, zuerst nur ein Stück, dann weiter, bis die Tafel fast alle ist. Ich kann mich kaum kontrollieren.«

»Bist du ferngesteuert? Nicht ganz bei Sinnen?«

»Es ist fast, als ob ich unbewusst wäre.«

»Ja, konditioniert. Das Gegenteil von selbstbestimmend und frei. Süßes macht süchtig.«

»Dann kostet es mich auch viel Überwindung, irgendeine Übung zu praktizieren. Noch dazu werde ich schnell müde.«

»Auch bei der Atem-Übung?«

»Nein, sie ist sehr kurz und braucht kaum eine Ausrichtung.«

»Sie stärkt trotzdem deinen Willen und deine Absicht. Du kannst sie solange ausüben, bis du nur noch so atmest und das in deinen Alltag vollständig integrierst. Dann wäre die höchste Stufe erreicht. Also kurz ist sie nicht. «

»Ich meinte, sie ist geeignet zum Starten, und dann kann ich noch andere Techniken mit einbeziehen.«

»Und entdecken, dass du dich immer freier, selbstbestimmender und erfüllt fühlst.«

»Das stimmt. Es ist, als ob die erste Durchführung Überwindung kostet, aber allmählich überwiegen die Vorteile, bis hin zu dem Punkt, wo es eine echte Freude ist, sich selbst mehr zu spüren und vor allem selber zu entscheiden, was man tun will.«

»Darum geht es: sein eigener Meister zu werden. Jedes Mal wenn du einer Ab-Lenkung begegnest, bist du imstande, auf deine Bedürfnisse zu hören, deinem Willen und deiner Motivation zu folgen und selber dein Vehikel zu lenken.«

»So gesehen kann ich jede Ablenkung eigentlich zum Treibstoff für meine selbstgewählte Ausrichtung umorientieren oder transformieren.«

»Das ist eine Art ›freie Energie‹. Dein freier Wille ist deine metaphysische freie Energie! Nicht nur entwickelst du dadurch deine Abgrenzungsfähigkeit, sondern du steigerst auch deinen selbstbestimmenden Willen, was dir unmittelbar wesentlich mehr Lebenskraft verleihen wird, denn du verfügst über deine Zeit und über deine Entscheidungsfreiheit, wie du sie beide – deine Kraft und deine Zeit – einteilst.«

»Ich bin von dieser Erkenntnis begeistert!«

»Großartig. Ich will deinen beflügelten Zustand nicht bremsen, jedoch könnte es sein, dass du nach anfänglichen Erfolgen einen Rückfall erlebst. Lass dich davon nicht abhalten. Gönn dir eine Pause und schreite dann wieder voran auf deinem Weg. Die Begeisterung gibt dir einen Kick. Was du auf Dauer benötigst, ist Durchhaltevermögen.«

»Durchhaltevermögen auf Dauer …?!«

»Das ist vielleicht wenig aufregend, aber sinnvoll über einen längeren Zeitraum. Vor allem ist Beharrlichkeit ein guter innerer Freund, auf den du dich immer verlassen kannst. Wenn du eine Entscheidung triffst, weißt du, du kannst sie durchzuführen und zu Ende zu bringen dank deinem guten Freund ›Ausdauer‹. Heiße kleine Schritte willkommen, richte deine Gedanken auf dein gelungenes Ergebnis, und freue dich auf und über jeden Schritt zu deiner Selbstverwirklichung.«

3 Der Körper als Spiegelung des Unsichtbaren

3.1 Eine liebevolle Umarmung

»Liebe deinen Nächsten wie dich selbst«. Du wirst aufgefordert, deinem Gegenüber so viel Liebe entgegenzubringen, wie du dir selbst schenkst. Es ist klar, verständlich und logisch. Wie kommt es dazu, dass dieses einfache Prinzip so wenig oder so unvollständig geachtet und gelebt wird?

Es sind implizierte Begriffe, die im Alltag missverstanden werden. Es geht nicht nur darum, auf sich zu horchen, seine Bedürfnisse zu erfüllen, achtsam und würdevoll mit sich umzugehen, sondern es geht primär darum, das Göttliche, die Einheit in sich zu ehren, und daraus folgt dann alles andere. Die meisten von uns werden von Eltern groß gezogen, die das selber nicht können; daher ist es ihnen auch nicht möglich, das zu vermitteln, was sie nicht bekommen bzw. nicht selber erfahren haben. Es ist häufig der Fall, dass unsere kindlichen Eigenarten und Schwächen in der Erziehung überbewertet werden, was dann einen mehr oder weniger sichtbaren Selbsthass verursacht und das weitere Leben prägt. Besonders Frauen haben Mühe, sich die Zuneigung zu schenken, die sie zur Selbstannahme bräuchten. Sie neigen dazu, nach dem Prinzip ›Die anderen zuerst und ich am Schluss‹ zu leben. In Einzelsitzungen höre ich hin und wieder: »Mit den anderen kann ich geduldig und liebevoll sein, nur mir gegenüber bin ich unnachgiebig bis hart«. Diese Frauen geben alles, bis sie leer sind. Sie opfern sich auf und sind unfähig anzunehmen, sich aufzuladen und zu regenerieren. Das Gleichgewicht zwischen Nehmen und Geben wird nicht geachtet. Das Ziel besteht aber nicht darin, egoistisch und egozentrisch zu werden, sondern die Balance zu respektieren, nicht nur die eigene, sondern die allgemeine, übergreifende Harmonie, die entsteht, wenn jeder mit seinem Beitrag in Form von Rolle und Teilnahme am Gesamten verantwortungsvoll umgeht. Was würde geschehen, wenn jeder sein Lichtlein anzünden würde? Im Nu gäbe es ein großes, allumfassendes Licht. Fangen wir also bei uns an – da gibt es genug zu tun. Nein, kein Kampf gegen unsere Fehler und Mängel, sondern stellen wir erst einmal fest, dass unser Wesen, das Wesentliche in uns aus der universellen Webart stammt, aus der göttlichen Matrix. Bisweilen schleicht sich ein Missverständnis ein: Manche verwechseln ›viel Geld für sich ausgeben‹ und ›etwas Gutes für sich tun‹. Natürlich ist es ein Segen, wenn man sich gute, schöne Dinge kaufen kann, aber die Zellen sind keine Finanzexperten. Höre eher auf deine Körperreaktion und dein echtes Wohlbefinden, als die Summe zu zählen, die du ausgegeben hast. Der Körper und auch die Seele mögen es einfach – so genial einfach: ein Sonnenstrahl, eine Umarmung, ein Glas Quellwasser usw.

»Warum bestehst du so sehr darauf, dass ich mich lieben soll? Es sollte doch reichen, wenn ich ganz normal mit mir umgehe und einfach meinem Leben nachgehe.«

»Tagein, tagaus schlicht zu funktionieren, solange die Maschine geht, ohne sich an das Wesen, das Wesentliche zu wenden, es wirklich zu achten...?«

»›Ich liebe mich‹, klingt doch ungewöhnlich ...«

»Ein wenig provokativ, damit du deine Ohren spitzt, damit du anhältst und nachdenkst. Hast du schon überlegt, dass du die wichtigste Person in deinem Leben bist?«

»Jetzt übertreibst du maßlos! Meine Eltern, meine Kinder, mein Partner, meine Freundin ... das sind die wichtigen Menschen in meinem Leben!«

»Zweifellos, aber mit wem verbringst du dein ganzes Leben, Tag und Nacht, in guten und in schlechten Zeiten...?«

»Tja, so viel Zeit verbringt man mit sich!«

»Unzertrennbar, bis der Tod uns scheidet. Wie läuft es, wenn die Beziehung mit sich selbst schlecht ist?«

»Du meinst, wenn ich mich nicht mag? Nicht nur ein paar Tage, sondern grundsätzlich?«

»Stell dir eine problematische Partnerschaft vor, Tag und Nacht, sieben Tage die Woche, alle Wochen des Monats, alle Monate ...«

»Stopp! Es wird unerträglich!«

»So ist es. Es gibt Menschen, die in einem Kriegszustand mit sich selbst leben. Es kann ein erklärter, offizieller Kriegszustand sein mit selbst-zerstörerischem Verhalten oder ein latenter Krieg, der heimtückisch und schleichend den Körper strapaziert, die Seele einsperrt und das Lebensglück boykottiert. Ich meine den Mangel an Selbst-Liebe. Der Mangel an Liebe für das Selbst, an Selbst-Respekt und

Würde ist die Ursache vieler Krankheiten und disharmonischer Lebenssituationen in ehelichen, sozialen und beruflichen Bereichen.«

»Krieg mit sich ... so habe ich noch nie darüber gedacht.«

»Frieden mit sich schließen, sich selbst annehmen – so können wir Fortschritte machen, uns entfalten, unser kreatives Potenzial vertiefen. Das Göttliche in uns und anderen ehren. Wenn ich aufrecht stehe, ermutige ich auch andere dazu, aufrecht zu stehen. Es überträgt sich, es ist gegenseitig, es werden noch dazu Menschen angezogen, die gerne Respekt, Achtung, Würde und Zuneigung geben und empfangen wollen. Liebe entspricht dem Element Feuer. Seine Eigenschaft liegt darin, dass sie sich vervielfältigt, wenn man sie gibt, verteilt und verschwendet. Licht und Liebe sind zwei Facetten derselben Münze. Licht breitet sich von einer Flamme aus zu einer unendlichen Weite. Wie viele Kerzen kannst du mit einer Kerze anzünden?«

»Unendlich viele!«

»Aber jetzt üben wir eine praktische Selbst-Annahme: Nimm dich in den Arm, umarme dich selbst. Spüre, wie diese Umarmung dich entspannt, wie die Energie aus dem Herzchakra weicher und fließend wird.«

»Ja, das tut gut. Ich empfinde eine besänftigende Wirkung.«

»Mach das immer wieder. Noch ein Vorschlag: Streichle deine Gesichtszüge, deine Wangen, deine Stirn. Streichle deine Hände, deine Unterarme, deine Oberschenkel. Ja, sie brauchen deine Aufmerksamkeit und deine Zuneigung. Achtest du mehr auf dein Auto, pflegst du es regelmäßiger, pflichtbewusster als deinen Körper? Dein Unterbewusstsein kann nicht unterscheiden, wer die Liebeszeichen erteilt, es registriert einfach ›Liebe‹, und Liebe für das Wesen ist unentbehrlich. Sei großzügig dir gegenüber. Es kostet nichts, es tut gut, und es sprudelt über auf deine Mitmenschen. Zuneigung ist gleichzeitig Geborgenheit. Die selbst geschenkte Geborgenheit macht es möglich, die unermessliche Geborgenheit des Universums zu empfangen. Das erlebt man im Alltag durch ein ›Sich-getragen-Fühlen‹ oder durch eine Zugehörigkeit zu dem Großen Ganzen.«

3.2 Deine physische Erscheinung ist kein Zufall

Unsere physische Erscheinung ist im Allgemeinen ein Fokus der Aufmerksamkeit, die sich entweder durch Selbstliebe oder durch die eigene Ablehnung ausdrückt. Die Folgen sind tiefgreifend: Entweder haben wir zu tun mit einer Selbstannahme oder mit einem inneren Kampf, wofür es keinen Ausweg gibt, denn wir leben ja in diesem Körper. Der Konflikt kann sich auf verschiedene Art und Weise ausdrücken, abhängig von der Epoche und den religiösen oder weltlichen Kreisen. Die Selbstgeißelung der Mönche oder der Eremiten in früheren Zeiten tritt im 21. Jahrhundert in Form von Selbstverstümmelung durch Piercings und Tattoos erneut auf. Auch wenn sie als Verschönerungen gelten sollten, ehren sie keineswegs den physischen Körper in seiner materiellen Funktion oder als Tempel der Seele, zumal sie ohne Ritual und ohne Verbindung zur höheren Dimension (wie z. B. bei den Urvölkern) durchgeführt werden.

Der Bezug zu unserer physischen Erscheinung reicht viel tiefer als die oberflächliche Betrachtung und die Beschäftigung mit unserem Aussehen. Unsere körperlichen Veranlagungen sind ein sichtbarer Ausdruck tiefer energetischer und spiritueller Prozesse aus vorigen Leben. Möglicherweise werden dir diese Zusammenhänge immer zugänglicher und nachvollziehbarer, je weiter wir auf unserer Reise voranschreiten. Alle Prozesse, innere wie äußere, hängen zusammen und spiegeln einander wider. In der Materie ist niemals die sichtbare Form von den unsichtbaren Strömungen, die unser Wesen und den Kosmos durchdringen, abgetrennt.

Kinder mit ihrer noch unberührten Offenheit stellen gelegentlich peinliche Fragen wie: »Warum hat die Frau so eine lange Nase?« Als Erwachsene verlieren wir die Fähigkeit gründlich zu hinterfragen, weil wir oft genug gehört haben, dass ›es halt so ist‹. Die Genetik kann eine passable Antwort liefern: Die lange Nase wurde von einem Elternteil vererbt. Aber das ist bei weitem nicht die ganze Geschichte.

Das Endokrin-, das Nervensystem und das Blut werden von spirituellen Kräften durchdrungen und belebt: die Drüsen von ätherischen Strömen, die Nerven von der Astralkraft und das Blut von der Seelenkraft. Das Blut ist eine ganz besondere Flüssigkeit. Die

Anthroposophen, z. B. Dr. Günther Wachsmuth[4], liefern ausführliche Kenntnisse über die Verbindung zwischen den Organen und den Körpersystemen als Speicher von energetischen Kräften und persönlichen emotionalen, mentalen und seelischen Ausstrahlungen. Das Blut ist gleichzeitig der Träger der groben, materiellen Prozesse des Körpers wie Ernährung und Ausscheidung und das Ergebnis von subtilen Aspekten und Entwicklungen des Wesens. Das Blut ist auch eine begehrte Flüssigkeit für Entitäten, die Unfälle, Kriege und Bluttransaktionen fördern, damit sie zu ihrer Nahrung kommen. Bluttransfusionen können durch aufgelöstes Meerwasser ersetzt werden wie der Chemiker René Quinton[5] es im frühen 20. Jahrhundert durch seine Forschungen und seine Heilmittel belegt hat. Wenn wir uns bewusst sind, dass dieser Lebenssaft Träger unserer grobstofflichen und subtilen Lebenskraft sowie energetischer Informationen ist, kann es folglich nur fragwürdig sein, fremdes Blut in die eigenen Venen fließen zu lassen. Besonders wenn das Quinton-Serum eine so einfache, preiswerte Alternative, frei von Kontamination und Verunreinigungen, darstellt. Was das Blut ausscheidet, wird von der Lymphe verarbeitet und abtransportiert. Darin besteht ihre Aufgabe, aber wenn das lymphatische System durch zu viel ›Müllverarbeitung‹ überlastet und verdichtet ist, wird es in dem sowieso schon belasteten Körper eine weitere Runde mit den Abfallprodukten drehen. Diese werden dann vom trägen Stoffwechsel in den Organen und den Gelenken abgelagert. Ich könnte ein ganzes Buch darüber schreiben, wie ich durch Umstellung von Ernährung und Lebensweise auf leichte, gründliche aber beständige Entgiftungsmaßnahmen und durch Bewusstseinsarbeit meinen Körper gesäubert, verjüngt und wieder auf Vordermann gebracht habe. Wir neigen dazu, dem Körper Mittel und Präparate zuzuführen und dabei zu vergessen, dass erst einmal Leeren und Platzmachen nicht nur notwendig sind, sondern auch die Aufnahmebereitschaft des Körpers

---

[4] Wachsmuth, Günther: Die Reinkarnation des Menschen als Phänomen der Metamorphose, 1935, Dornach(Schweiz) http://de.scribd.com/doc/29836709/Reinkarnation-d-Menschen-Dr-G-Wachsmuth

[5] Quinton, René: L'eau de Mer, Milieu Organique (Das Marine Plasma, http://www.mmr-info.com/fileadmin/Dateien_MMR/Dokumente/Marines_Plasma_PDF_01.pdf

fördern. Was voll und satt ist, ist nicht mehr im Stande, irgendetwas aufzunehmen oder im besten Fall nur einen kleinen Teil davon. Es mag einem ein gutes Gewissen verleihen, Magnesium oder irgendein anderes Mittel einzunehmen; wenn die Aufnahme- und Verarbeitungsfähigkeit des Körpers zu sehr beeinträchtigt ist, bleibt die Wirkung aus. In der Lymphe also bleibt alles, was vom Blut nicht umgewandelt worden ist. Sie ist Trägerin unseres zukünftigen Karmas.

Eine andere besondere Flüssigkeit unseres Körpers ist der Urin. Er beinhaltet Hormone, andere wertvolle Substanzen und Informationen und kann als hervorragendes Heilmittel eingesetzt werden. Mehrere gute Bücher wurden darüber veröffentlicht. Leichte, lebendige Nahrung und viel gutes Wasser garantieren eine flüssige Lymphe und einen fast transparenten Urin.

Hände und Füße sind unter anderem zuständig für die Ausleitung von überflüssigen emotionalen und energetischen Strömen aus dem Nerven- und dem Meridiansystem. Es ist sinnvoll, nach Bedarf die Extremitäten mit fließendem Wasser und der Vorstellungskraft abzuspülen. Die Imagination des weißen-goldenen Lichts leitet die unerwünschten Energien aus dem Körper und ergänzt die reinigende Wirkung des Wassers. Die Handlinien der linken Hand beinhalten das Mitgebrachte, das Karma, das Festgelegte. Die Handlinien der rechten Hand enthüllen, was wir aus unseren Voraussetzungen gemacht haben sowie unsere persönliche Entwicklung. Kann ich das Beste aus meiner Veranlagung machen und trau ich mich das auch? Das sind Fragen, die wir uns alle gelegentlich stellen dürfen. Die Kunst des Lebens liegt darin, das Mitgebrachte und die Veranlagungen anzuerkennen und die Begabungen aus vorigen Inkarationen zum Erblühen zu bringen und umzuwandeln.

Ich kann mir ein paar Worte über die Haare nicht verkneifen! Nur während etwa eineinhalb Jahre meines Lebens hatte ich kurzes Haar. Das waren die traurigsten und orientierungslosesten Jahre meiner Kindheit. Wir alle drei, meine Schwestern und ich, hatten lange Zöpfe: eine blond, eine dunkelhaarig und dicht wie bei einer Spanierin und eine dunkelblond. Als meine Mutter sich einer Operation unterziehen musste, entschied sie eigenmächtig, uns die Haare abzuschneiden, damit wir während ihres Krankenhausaufenthaltes keine Läuse bekämen. Und so lagen eines Abends, als mein Vater nach Hause kam, unsere drei blonden, schwarzen und dunkelblonden Zöpfe auf dem Tisch. Das war das einzige Mal, dass ich meinen Vater weinend erlebt habe. Er konnte seine Trauer wegen des Anblicks der abgetrennten langen Zöpfe seiner Töchter nicht zurückhalten. Aber wie wir alle wissen, wachsen Haare ja wieder nach. Sie bestehen aus Keratin und besitzen eine Ähnlichkeit mit Spinnengewebe. Spinnen beziehen Informationen aus ihren Spinnfäden, über die sie mit der Umgebung verbunden sind. Interessanterweise erhalten Spinnen Informationen aus dem Universum über ihre Fäden. Damit meine ich nicht die Reaktion auf die gefangenen Insekten im Spinnennetz, sondern die Leitungsfähigkeit der Fäden. Eine ähnliche Funktion besitzt das Haar des Menschen.

Haare sind auch als Endprodukt des Körpers und spiegeln auf chemische und energetische Weise die inneren Prozesse des Menschen wider. Es gibt sehr empfehlenswerte Haaranalysen, die auf schonende – auf Körper, Seele und Geist nicht intrusive – Weise den gesamten Körper und seine Tendenzen analysieren. In Atlantis und den Hochkulturen der Antike (Ägypten, China, Griechenland) trugen die Menschen eine Haarpracht, die ihre natürlichen Widerstandskräfte und ihre Resilienz bestätigten. Haare sind sehr subtile kosmische Antennen, die auch als Intuitionsträger bezeichnet werden können. Ob die Enthaarungskampagne dieses Wissen mit einbezieht? Ich frage mich gelegentlich, ob das systematische Rasieren der Achselhöhle und das regelmäßige Auftragen von Deodorant, das Aluminium enthält und das Schwitzen verhindert, nicht für so manche Störung im Brustbereich verantwortlich sind.

Dein Körper ist der vergängliche Ausdruck deiner unsterblichen Essenz. Er enthält die Blaupause, die Ur-Kodierung seines Ursprungs, der unendlichen kosmischen Kraft, deren einstige Programmierung in jeder Zelle liegt. Die Rückkoppelung an die Quelle nährt die Zellen. Diese Ur-Information zu ehren und sie im Alltag zu achten, stellt das Gleichgewicht im Leben des Individuums wieder her. – Jeder auf die Art und Weise, wie er sich das wünscht, religiös, spirituell oder ohne Bezug zu Gott. Das Miteinbeziehen der Quelle darf sich auch mit der Zeit verändern und sich neuen Weltanschauungen anpassen. Fast immer beginnt es mit Achtsamkeit und Ehrfurcht. Die Zellen enthalten eine Ur-Information, die nach Gleichgewicht, Gesundheit und

Regeneration strebt … um jeden Preis, auch wenn der Preis dafür heißt, krank zu werden als Voraussetzung für die Gesundung.

Vielleicht fängst du an, dich und deinen Körper anders zu betrachten. Auch was dir nicht gefällt, hat seinen Wert und vielleicht kannst du dich anfreunden mit bestimmten Aspekten, wenn du denkst, dein Körper ist ›Made by God‹. Es ist selbstverständlich, dass viele Prozesse das ursprüngliche Wesen verzerren. Aber gerade die Erinnerung an das Göttliche und die Selbst-Akzeptanz des Wesens in seiner Essenz glättet schon so manche Verzerrung im Ansatz. Viele Schönheitsansprüche sind ein Streben nach einem Stereotyp, der durchaus fragwürdig bis lächerlich wirkt, sobald er aus dem Kontext (Mode, kulturelle Tendenz) herausgenommen und z. B. 20 Jahre später mit veränderten Mode-/Kulturvorstellungen betrachtet wird.

Besonders das Weibliche will sich an gesellschaftliche Schönheitsklischees anpassen und lässt sich in Bezug auf Aussehen und Verhalten in enge Schemata zwingen, mit der Absicht schön, jung, sexy, begehrenswert zu sein und dadurch zu einem der vielen Schönheitsklone zu werden, die glauben, nicht mehr wie Frauen, sondern wie Katzen laufen zu müssen. Wie verhält sich deine Selbst-Annahme? Welche Form nimmt deine Selbsterkenntnis an?

Die Schönheit der Jugend strahlt, aber die Jahrzehnte zeigen, was wir aus unserem ›Geschenk Körper‹ gemacht haben, wie viel Verbindung zwischen Körper-Seele-Geist besteht. Kosmetik, schöne Stoffe und Kleider harmonisieren, verbergen, intensivieren oder vertuschen mit einem Hauch Eleganz und verblenden die natürlichen Züge. Wirken sie auffällig, vertiefen sie eher die Unstimmigkeiten, denn sie ziehen das Augenmerk auf sich. Schritt für Schritt freundlicher mit sich umzugehen, Frieden zu schließen mit sich selbst und die eigenen positiven Eigenschaften zu stärken und zu entwickeln, das sind durchaus anstrebbare und verwirklichbare Ziele.

Der Körper belehrt uns. Er lädt die Seele ein. Das Leben ist eine Unterweisung mittels des Körpers. Die physische Erscheinung bringt uns Demut, natürliche Rhythmen und Auseinandersetzungen durch Gesetzmäßigkeiten bei, die dem Saturnprinzip entsprechen. Unsere Form innerhalb von Raum und Zeit. Anstatt ein Gefängnis zu sein, wie er in vielen spirituellen Schulen betrachtet wird, ist der Körper in der physischen, materiellen Welt, wo wir als Seele inkarniert sind, die Basis, das Sprungbrett für das Abenteuer ›Leben‹ in dieser Welt. Die physische Erscheinung wird von allen feinstofflichen Ebenen belebt und durchdrungen. Wir sind Seele im Körper, bis zu dem Zeitpunkt, an dem die Seele sich häutet und die physische Form hier zurücklässt.

3.3 Deine Aura sitzt genau da, wo dein Körper ist: Die feinstofflichen Körper und die Aura

In diesem Abschnitt werden wir entdecken, dass unser physischer Körper nicht so grobstofflich ist, wie wir üblicherweise annehmen und dass er eigentlich ein Gefäß ist für verschiedene feinstoffliche Organe: die Meridiane, die Akupunkturpunkte, die Nadis, die Haupt- und Nebenchakren, die energetischen Körper und ihre entsprechenden Auren. Von Hellsichtigen und Radiästheten werden auch kleinere, weitere Energieströme beschrieben. Wir wollen uns hier aber auf die feinstofflichen Körper und Auren sowie auf die Hauptchakren konzentrieren.

Meridiane sind am ehesten aus der Traditionellen Chinesischen Medizin bekannt. Hier würde ich gerne auf Details eingehen, die größtenteils selten in der Literatur erwähnt werden.

Wir besitzen sechs unsichtbare Energiekörper, die sich innerhalb des siebten, des physischen Körpers, aneinanderreihen. Diese sieben Körper können in drei Gruppen eingeteilt werden:

- der physische und der Ätherkörper entsprechen dem Körper,
- Emotional- und Mentalkörper entsprechen der Seele,
- der Seelenkörper mit dem Kausal-, Christuskörper und dem göttlichen Körper entsprechen dem Geist.

Physischer Körper und Ätherkörper sind fast gleich groß. Der Ätherkörper ist ein genaues, feinstoffliches Abbild des physischen Körpers.

Wie die russischen Steckpuppen, die Matrioschki, werden die folgenden feinstofflichen Körper in sich verringernden Abständen immer kleiner: Der Ätherkörper befindet sich innerhalb des Emotionalkörpers und der Mentalkörper innerhalb des Seelenkörpers. Von den drei Körpern, die dem Geist entsprechen, ist der Kausalkörper im Prozess, sich zu entfalten. Gerade seine Entfaltung ist es, was die spirituelle Dimension des Menschen ausmacht.

Jeder Körper und seine dazugehörige Aura ist im physischen Körper an einem entsprechenden Chakra durch eine Schnur verankert: der physische mit dem ersten Chakra, der Ätherkörper und seine Aura mit dem 2. Chakra durch die Ätherschnur, der Emotionalkörper und seine Aura mit dem 3. Chakra durch die silberne Schnur und der Mentalkörper und seine Aura mit dem 4. Chakra durch die goldene Schnur. Ja, das Herzchakra empfängt die Inspiration und die Eingebung der Muse der höheren mentalen Ebene. Der Seelenkörper entspricht den drei höheren Chakren.

Alle feinstofflichen Körper beinhalten die Erinnerungen unserer Erfahrungen. Die Auren strahlen nach außen als Spiegelung unseres Bewusstseins, also wie wir mit dem Erlebten umgehen: lichtvoll durch Einsicht und Klarheit oder trüb durch Angst und Unwissen.

Die Entwicklung der Menschheit hat verschiedene Stadien durchlaufen, die dem Bewusstsein der Mineralien (Ätherkörper), des Pflanzenreiches (Emotionalkörper) und des Tierreiches (Mentalkörper) entsprechen. Diese drei Bewusstseinsebenen haben wir sozusagen absolviert, und wir tragen sie in uns. Deshalb können wir auch die Energie von Mineralien erspüren, die Gefühle von Pflanzen wahrnehmen – auch sie sind für Emotionen und Musik empfänglich! – und mit Tieren telepathisch kommunizieren.

Zwischen der Geburt und dem 42. Lebensjahr entfalten sich die verschiedenen subtilen Körper in einem 7-Jahres-Rhythmus: der Ätherkörper von 0 bis 7 Jahren, der Emotionalkörper von 7 bis 14, der Mentalkörper von 14 bis 21, der Kausalkörper von 21 bis 28, der Christuskörper von 28 bis 35 und der göttliche oder Atmakörper im Alter von 35 bis 42 Jahren. So entwickelt sich der Mensch im Laufe seines Lebens mit unterschiedlichen Schwerpunkten und Phasen, die die feinstofflichen Körper und ihre Auren prägen, so dass es möglich ist, während einer Aura-Sitzung die notwendigen Auskünfte abzulesen. Die gesamten Körper und Auren bilden die globale Aura, die einen energetischen Schutz bilden sollte. Damit alle Auren ihre Aufgabe erfüllen können, sollten sie klar, rein und stabil gepflegt sein, aufeinander abgestimmt sein und miteinander in Verbindung stehen, so dass die Information des Geistes durch die Gedanken und Gefühle und die Vitalkraft in den Körper fließen können. Das ist unter anderem das Ziel einer Aura-Reinigung.

Ich hoffe, ich konnte mit meinen Ausführungen einige verschwommene Begriffe und Missverständnisse klären, die suggerieren, dass die Aura entweder ringförmig den Körper umhüllt oder aus einem einzigen Zentrum heraus strahlt. Die globale Aura hat ihren Ankerpunkt im gesamten Zentralkanal verteilt.

Und wie steht es mit den Chakren? – Das ist unser nächstes Thema.

Es gibt viel Literatur darüber, wir brauchen hier nicht zu wiederholen, was schon mehrfach geschrieben worden ist. Das Ziel unserer Reise liegt darin, dass du dir deiner eigenen Energien klar wirst, damit du mit ihnen bewusster umgehen kannst. Dafür sind deine Chakren von äußerster Wichtigkeit, denn sie sind deine direkten Tore zu höheren Dimensionen innerhalb deines Wesens.

»Das verstehe ich nicht. Höhere Dimensionen? Sind die oben, irgendwo draußen?«

»Mit ›höher‹ meine ich die Frequenz. Alle Dimensionen sind im Körper im Hier und Jetzt zugänglich. Deine Chakren schweben nicht auf der Oberfläche deines Körpers, sondern sie sind in deiner physischen Gestalt verankert. Den Zugang zu ihrer Ebene findest du durch das Hineinspüren und das Hineintreten in ihren Energiewirbel mit Hilfe deiner Imagination und deiner Absicht.«

»Also jetzt, wo ich sitze, bei mir drin? Und wie kann ich hineinspazieren?«

»Du wählst zuerst ein Chakra, vielleicht das zweite zwischen Schambein und Nabel. Wenn du deine Aufmerksamkeit darauf richtest, macht es sich leicht bemerkbar. Ja, da auf der Mittellinie.«

»Ich spüre es aber nur ganz zart, kaum wahrnehmbar.«

»Chakren sind feinstoffliche Organe! Je natürlicher und häufiger du dich mit deiner Aura, deinen Chakren und anderen subtilen Antennen deines Wesens beschäftigst, desto deutlicher wird deine Wahrnehmung werden. Es ist hervorragend, dass du jetzt schon etwas spürst, und wenn es nicht der Fall sein sollte, wäre es auch durchaus in Ordnung. Wir betrachten nun aufmerksam dieses zweite Chakra und treten in diesen Wirbel hinein mit der Kraft der Imagination, dann gehen wir noch einen Schritt tiefer in das Chakra und betreten einen weiteren Raum im Inneren. Bitte vergiss nicht zu atmen, und bleib auch in Kontakt mit deinen Händen und Füßen. Das erdet dich.«

»Ich muss lachen, denn ich vergesse immer zu atmen, wenn ich zu sehr konzentriert bin, aber gerade jetzt bin ich ziemlich tief innerhalb des Chakras und doch noch ganz da!«

»Das ist genau das, was wir erzielen wollen: eine geerdete energetische Erfahrung im Körper in der Gegenwart, die spirituelle Dimensionen eröffnet. Aber wir wollen unsere Forschung weiter vertiefen. Jetzt bringst du bitte den Wirbel mit der Kraft deiner Absicht zum Drehen, erst einmal langsam, dann wirst du intuitiv spüren, ob eine eventuelle Beschleunigung des Tempos angenehmer wäre.«

»In welche Richtung soll ich das Chakra denn rotieren lassen?«

»Auch da folge deinem Gefühl und deiner Wahrnehmung. Was stimmig ist, fällt dir ganz natürlich ein. Dein innerer Lehrer übertrifft alle Bücher, die über das Thema geschrieben wurden.«

»Was im Buch steht, widerspiegelt die Erfahrung des Autors, nicht meine. Das ist wahr.«

»Jetzt bündelst du deine Aufmerksamkeit auf dein Chakra und lässt es in die Richtung drehen, die für das Chakra im Moment wohltuend ist.«

»Lass mich erst einmal hineinspüren. – Das ist ganz klar. Gegen den Uhrzeigersinn ist die richtige Richtung für mein zweites Chakra. Es wird leichter … nicht mehr so belastet.«

»Ich gratuliere. Du bist jetzt daran, das zweite Chakra zu entlasten oder du gibst etwas ab, das es bzw. das du nicht mehr brauchst.«

»Und was würde beim Drehen in die andere Richtung geschehen?«

»Im Uhrzeigersinn würdest du dann universelle Energie aufnehmen. Es könnte aber für jemand anderen genau umgekehrt sein. Für alle gilt, dass jedes Chakra zwei Funktionen besitzt: eine aufnehmende und eine ab- oder weitergebende Funktion. Welche Richtung wofür steht, muss jeder für sich beobachten und erfühlen.«

»Einfacher und maßgeschneiderter kann es kaum sein. Wie schön! Das zweite Chakra ist orange, nicht wahr?«

»Alle Farben des Regenbogens sind in allen Chakren enthalten, wobei eine Prädominanz vorhanden ist. Das ist wiederum individuell und nicht so rigide und vorgegeben, wie es in den Büchern steht. Machen wir ein Experiment: Geh zurück, geh in dein zweites Chakra hinein, aktiviere den Wirbel und beobachte die Wirkung der roten Farbe im zweiten Chakra. Dringe tiefer in den nächsten Raum des Wirbels hinein – immer noch mit Rot – und beobachte, wie diese Farbe sich anfühlt.«

»Ich spüre Wärme überall und Kraft am ganzen Körper.«

»Richtig! Es ist immer angemessen, die Reaktion des gesamten Körpers mit einzubeziehen, denn es ist tatsächlich eine Ganzkörpererfahrung. Alles ist miteinander verbunden. Die Chakren hängen zusammen und leiten die Energie weiter in den ganzen Körper. Jetzt testen wir die Farbe Orange.«

»Immer noch im zweiten Chakra?«

»Ja. Wir wollen alle Farben des Regenbogens durch das zweite Chakra laufen lassen. Sie sind ja alle vorhanden. Beobachte bitte jedes Mal die Auswirkung der Farbe auf deine physische Verfassung und auf das Gemüt.«

»Soll ich nochmals in die innere Dimension des Chakras hineintreten, Raum für Raum und die Drehrichtung ins Rollen bringen und zwar in die jeweilige Richtung und in dem Tempo, die rein intuitiv stimmen?«

»Genau. Achte darauf, dass es dir dabei immer gut geht. Du hast die Situation im Griff, du regelst das Tempo so, wie es dir passt.«

»Orange macht wach, lebendig und konzentriert. Die Qualität ist ganz anders als bei Rot.«

»Du lernst aber schnell! Jetzt ist die gelbe Farbe dran.«

»Ich soll alle Farben durch das zweite Chakra testen? Ist es möglich, diese Übung mit den Farben auch mit den anderen Chakren durchzuführen?«

»Ich hoffe sehr, dass du in deiner täglichen Meditation nach und nach dazu kommst. Farben sind heilsam. Du kannst warme Farben, also Rot, Orange, Gelb anwenden, um dich zu aktivieren, etwa wenn du aufstehen willst oder Anregung brauchst. Die kalten Farben

Grün, Blau, Violett dienen eher dem Gleichgewicht, der Beruhigung, der Entspannung, der Verinnerlichung.«

»Diese Techniken sind bestimmt gut, um die Intuition zu entfalten.«

»Es ist noch tiefgründiger: Die Chakren sind konzentrierte Aspekte deiner Essenz. Durch deine persönliche Auseinandersetzung mit deinen Chakren machst du dich auf den Weg zu einer Begegnung mit deiner Seele. Alles, was du brauchst, ist, mit deiner Vorstellungskraft und deiner Empfindung immer tiefer in die inneren Dimensionen deiner Energiezentren zu gehen und sie rotieren zu lassen. Gehe dabei immer achtsam und respektvoll mit deinem gesamten Wohlbefinden um.«

»Das ist unglaublich. Und das ist alles in mir?«

»Das ist die Absicht unserer Reise. Wir sind immer noch auf der Ebene des Körpers, und schon haben wir solche wertvollen Entdeckungen gemacht.«

»Damit bin ich stundenlang beschäftigt.«

»Eine nützliche Alternative zum Fernsehen. Das kannst du überall durchführen, wo du ein wenig Ruhe hast und für eine Weile ungestört bist. Noch eine Übung gebe ich dir gerne weiter. Die Chakren sind kraftvolle Katalysatoren. Sie helfen uns mit unserer Entwicklung und unterstützen uns mit der Aufnahme und Integration neuer Fähigkeiten mittels einer Affirmation.«

»Und wie mache ich das?«

»Du wirst alle Chakren mit einbeziehen und sie drehen lassen, wie schon ausführlich beschrieben.«

»Ich lasse sie alle rotieren und wiederhole eine Affirmation, wie etwa ›Ich integriere mein neues Wissen mit Freude und Leichtigkeit.‹«

»Ein gutes Beispiel. Jeder wird die passende Affirmation für sich finden. Beschleunige die Rotation, wenn es für dich stimmt, aber keinesfalls geht es um einen Wettbewerb. Sprich die Affirmation immer wieder, beständig und mit Empfinden. Was beobachtest du jetzt? Lass dir Zeit.«

»Es passiert etwas Spannendes! Ja, wirklich. Die Bedeutung des Spruches nimmt jetzt einen tieferen Sinn an, als ob die Affirmation reifer würde oder mein Verständnis dafür. Allerdings nimmt sie eine bereichernde Qualität an und öffnet mir neue Perspektiven. Es ist ganz anders, als wenn ich die Affirmation einfach immer wieder sage, es verändert sich etwas dabei.«

»Dein Bewusstsein, dein Verständnis, dein Empfinden, deine Wahrnehmung erweitern und vertiefen sich. Das ist der Beitrag zur Transformation, den deine Chakren leisten. Jetzt lasse ich dich üben und spielen. Du brauchst mich im Moment nicht. Es ist wie auf der Reise: Ab und zu bekommen die Reisenden einen freien Nachmittag in der fremden Stadt, wo sie sich unabhängig orientieren und ihre eigenen Erfahrungen sammeln dürfen. Also viel Freude. Wir treffen uns wieder für die Erkundung des Zentralkanals.«

3.4 Der Zentralkanal: Deine Verbindung zwischen Himmel und Erde

Wir sind immer noch im Körper, aber nun wollen wir uns mit einem ganz besonderen energetischen System beschäftigen. Das ist unsere innere Lichtröhre, die der Wirbelsäule entlang verläuft und durch die Energie von oben nach unten fließt und umgekehrt.

Die Lichtsäule habe nicht ich erfunden. Bereits die alten Ägypter und die Yogis vor 4000 Jahren wussten davon und haben diesen heiligen Schlauch teilweise beschrieben. Das ist der feinstoffliche Kanal, der den Fluss der drei sich ergänzenden Kräfte vereint: ›Sushumna‹, ›Ida‹ und ›Pingala‹ lautet ihre Sanskrit Bezeichnung. Man entnehme die Einzelheiten der Fachliteratur.

Was ich dir hier zeigen möchte, ist die praktische Umsetzung dieses Wissens im Alltag für den Menschen des 21. Jahrhunderts. Der Zentralkanal ist der Ankerpunkt aller Energiekörper und aller Chakren. Menschen und Bäume sind die einzigen Wesen auf Erden, die aufrecht stehen. Die senkrechte Haltung ist eine ganz besondere, denn durch sie sind wir unten mit der Erde und oben mit dem Himmel verbunden. Sowohl der Mensch als auch der Baum stehen aufrecht mit dem Kopf im Himmel und den Füßen auf der Erde. Die Botschaft ist klar: Sie sind Vermittler zwischen Himmlischem und Irdischem; der Mensch ist da, um den Himmel auf Erden zu erschaffen, aber er hat es vergessen. Er hat vergessen, dass er die Fähigkeit und sogar die Verantwortung dafür besitzt, mit den Himmlischen, den Engelwesen und den Elementarwesen auf der Erde zu kommunizieren. Die Engel müssen einen Umweg über die Menschen machen, um ihre Anweisungen an die Elementaren weiterzuleiten. Die Menschen sind dafür zuständig, die Sprache der Engel in die Sprache der Elementarwesen zu übersetzen und weiterzugeben. In der gegenwärtigen Lage erhalten die Elementaren keine Anweisungen mehr, schon seit geraumer Zeit nicht mehr; deshalb spielen sie verrückt und tragen zu manchen Wetterkatastrophen, Überschwemmungen, Dürren, Waldbränden, Windböen und Tornados, Tsunamis etc. bei. Das ist nur eine kurze Aufzählung, auch andere Zerstörungen sind von Menschenhand verursacht.

Durch den vertikalen Energiestrom der Wirbelsäule entlang sind wir mit den Erdenergien verbunden. Im Körper sein, inkarniert sein, heißt auf der Erde leben, sich mit irdischen Gesetzmäßigkeiten auseinanderzusetzen und im irdischen Rahmen wachsen, sich entfalten und erblühen als menschliches, spirituelles Wesen. Unser Körper enthält Mineralien, die in der Erde vorhanden sind. Laut Elementenlehre ist auch das Element Erde dabei.

Der Planet nährt unseren physischen Körper. Er nährt uns auch im energetischen Sinne. Er verleiht uns Kraft, Präsenz, Stabilität, Ausdauer, Ruhe, Bodenständigkeit, Beständigkeit und Sicherheit. Er gibt uns einen natürlichen Rhythmus und eine Gemächlichkeit, die zu unserem nervlichen und psychischen Ausgleich beitragen. Genau das, was in der Großstadt fehlt. Dort gibt es Beton, Asphalt, Gummisohlen, die den Kontakt zur Erde abblocken. Der Mensch wird von seiner Basis abgetrennt. Entferne dein Telefon längere Zeit von der Ladestation und beobachte, wie es ihm geht. Schwache Batterien sind das Ergebnis, und wenn das öfters vorkommt, werden die Batterien ausgelaugt sein, und das ganze wird in einer verkürzten Lebensdauer enden. Deshalb müssen wir raus in die Natur, barfuß auf dem Gras laufen, im Sand auftanken, damit wir so unsere Batterie wieder aufladen. Mit passender Kleidung bei allen Wetterlagen draußen spazieren zu gehen, stärkt das Immunsystem, macht glücklich und gesund; schöne Naturplätze oder Kraftorte ausfindig zu machen oder ganz einfach im Park auf der Erde zu sitzen oder im

Gras zu liegen, das sind gute Regenerationsquellen. Machen wir uns aufnahmefähig für den ausgleichenden Magnetismus der Erde.

»Es ist leicht. Alles, was du nicht mehr brauchst, deine Schwere, deinen Unmut, deine Müdigkeit, deine Wut, alles kannst du durch deine Füße einfach auf die Erde abgeben, abladen.«

»Dann gebe ihr doch etwas Schlechtes. Ich will ihr aber nicht schaden. Das kann ich doch nicht machen!«

»Dein Unrat ist so winzig für sie. Keineswegs wird er ihr schaden. Unterirdische Atomexperimente, Verseuchung ihrer Meere durch Öl, Vergiftung ihres Himmels durch Chemtrails, das alles mag sie nicht, das alles laugt sie aus. Interessanterweise scheinen diejenigen, die solche Zerstörung der Erde und deren Bewohner verursachen, sich kaum über die Folgen ihrer Handlungen Gedanken zu machen. Ihr Ethiksinn und ihr Verantwortungsbewusstsein sind extrem gering. Aber danke für deine Rücksicht. Gerade Menschen, die achtsam sind und sich in Frage stellen, sind zurückhaltend. Du wirst gleich einsehen, dass die Erde Bewusstsein und Umwandlungskräfte besitzt. Du kannst mit ihr kommunizieren und sie bitten, dir deinen ›Unrat‹ zu transformieren.«

»Ist das eine Art Zusammenarbeit mit der Erde?«

»Gewiss. Das ist aber noch nicht alles. Nicht nur wird sie deine Spannungen aufnehmen, sondern sie wird sie umwandeln in eine Energie, die dir gut tut, wenn du ihr deinen Wunsch mitteilst. Was hättest du denn gerne?«

»Ich möchte gerne die Fähigkeit zu fokussieren oder die Konzentration, um bei meiner Arbeit bleiben zu können.«

»Gib die alte, gestaute Energie ab, lass sie umwandeln in neue Energie und nimm sie im transformierten Zustand wieder auf.«

»Durch die Füße abgeben, was ich nicht mehr brauche, um Transformation bitten und die neue Energie durch die Füße wieder aufnehmen.«

»Und in den gesamten Körper zurückleiten. Versuche es.«

»Entlastet fühle ich mich auf alle Fälle. Viel besser und ruhiger. Klarer im Kopf. Es funktioniert.«

»Du kannst es gerne mehrmals durchführen. Die Erde ist großzügig.«

Einen Tag später:

»Und das andere Ende des Kanals verbindet die Menschen nach oben mit dem Himmel?«

»Ja, mit dem Himmlischen und unserem kosmischen Ursprung. Den meisten Menschen fällt es leichter, sich nach oben zu verbinden. Ich rate aber immer, zuerst den Kontakt zur Erde herzustellen. Wenn du dann stabil bist, kannst du nach oben streben wie der gesunde Baum. Hat er starke lebendige Wurzeln, kann er hoch in den Himmel wachsen. So kannst auch du deine Antennen ausstrecken. Du kannst z. B. die blaue oder die violette Farbe in dich hineinatmen. Meditation, Kontemplation, Beten, alle vergeistigten Bewusstseinszustände, die durch Musik, Kunst, Natur, Achtsamkeit im Alltag ausgelöst werden können, verbinden dich mit deiner kosmischen Dimension.«

»Und da stehe ich zwischen Himmel und Erde mit meiner Aura in der Mitte.«

»Ja, das ist zu meinem Symbol geworden: der Lichtkanal und auf beiden Seiten ungefähr in der Mitte die zwei Hälften der eiförmigen Aura. Dein mittlerer Lichtstrom kann dir auch Zentrierung schenken. Es reicht aus, daran zu denken, ihn zu beleuchten und dich mit oben und unten zu verbinden, ganz tief in die Erde und ganz hoch oben im Himmel. Versuche es gleich einmal.«

»Das gibt wirklich eine innere Stabilität und sogar Gleichgewicht.«

»Das ist eine gute Technik für die Zentrierung, das wird dir in vielen Lebenslagen helfen. Du brauchst nicht einmal daran zu glauben. Das ist wie Elektrizität: Betätige einfach die Taste und schon brennt das Licht, auch wenn du nicht weißt, wie es funktioniert. Du visualisierst deinen Lichtkanal, und sofort aktivierst du seine Lichtenergie und seine Zentrierungskraft. Aber es gibt noch viel Wirksameres!«

»Das allein ist schon eine erstaunliche Entdeckung. Darüber hinaus gibt es noch eine Steigerung?«

»Jawohl! Der Zentralkanal ist eigentlich das Zentrum eines großen Wirbels, der sprudelt wie ein großartiger Brunnen. Seit Jahren beobachte ich die Energieströme der Menschen in meinen Einzelsitzungen und in meinem Unterricht. Ich habe mir überlegt, wie diese innewohnenden Kräfte angewendet werden können, um dem Menschen seine natürliche Kraft und den Ausgleich mit dem Kosmos wieder zu verleihen, denn ungenutzt neigen sie dazu, zu verkümmern. Außerdem ermöglicht der Umgang mit den eigenen Energien einen intelligenten und bewussten Sprung nach vorne.«

»Wie kann ich jetzt den Brunnen zum Sprudeln bringen?«

»Stell dich hin mit gerader und entspannter Wirbelsäule. Stell dir vor, wie aus deinem mittleren Kanal die Energie von unten nach oben steigt. Wenn der Strom die Krone erreicht hat, lässt du ihn nach unten fließen, um deine Aura herum. Dann wirst du den Fluss an den Füßen ansammeln und wieder durch den Kanal bis zur Krone hinaufsteigen und wie eine Fontäne um deinen Körper herum fließen lassen. Jedes Mal, wenn die Energie den Lichtkanal durchfließt, wird sie feiner, intelligenter und differenzierter. Langsam, nicht so schnell. Nimm dir Zeit!«

»Das stimmt. Es ist ein echter Genuss, wenn man den Brunnen langsamer fließen lässt.«

»Der Lichtkanal ist in jedem Menschen vorhanden und wartet darauf, benutzt zu werden.«

»Hast du die Fontäne erfunden?«

»Der Brunnen ist von den Eingeweihten bekannt. Jetzt bist du auch eingeweiht! Das Wirbelförmige, die Vortexe, hüllen alles Lebendige ein und sind in Tornados zu sehen. Schauberger, der österreichische Ingenieur, Wissenschaftler und Wasserexperte hat die natürlichen Strudel des Wassers in der Natur studiert: Alles Lebendige wirbelt, tanzt und frohlockt! Lass deinen Energiebrunnen sich durch das Zentrum des Kanals erneuern und dein ganzes System regenerieren!«

»Das ist in der Tat sehr wohltuend!«

»Der Brunnen kann aber auch von oben nach unten fließen und wieder nach oben hinaufsprudeln, eine Art ›Anti-Gravitations-Fontäne‹, wenn du so möchtest.«

»Dasselbe, aber in umgekehrter Richtung, dann sprudelt er also von unten herauf.«

»Richtig. Wie immer, geh achtsam mit dir um. Lass den Brunnen einige Male von unten nach oben fließen, einige Male von oben nach unten und immer die Energie wieder in dem Kanal ansammeln, wo ihre Frequenz erhöht wird. «

»Interessant. Die entgegengesetzten Ströme haben tatsächlich eine andere Wirkung. Ja, der Fluss von unten nach oben tut mir gut.«

»Und jetzt die Krönung!«

»Was, noch eine Steigerung?«

»Ja, sie besteht darin, beide Energiebrunnen, den aufsteigende sowie den absteigenden, gleichzeitig zu aktivieren.«

» Ich habe schon viel gelernt, aber das übertrifft vieles... Und der Wirbel aus dem Zentralkanal ist immer in uns ... so ein Schatz. Das ist wertvolles Wissen.«

»Das ist das Wunder, und es ist ganz einfach bei dir, in dir. Auch die Mathematiker haben sich mit dieser sprudelnden Energieform beschäftigt und einen Begriff dafür gefunden: Sie nennen sie ›Torus‹. Wie du siehst, ist dein Körper ein Sammelbecken für kosmische und persönliche Energieströme, aber er empfängt nicht nur, denn – wie schon Goethe genau wusste – der menschliche Körper ist das feinste Empfangs- und Sendegerät.«

3.5 Körper und Wahrheit: Bitte lauschen

Von Professor Fritz-Albert Popp wurde wissenschaftlich bewiesen, dass die Zellen als Einheiten des Körpers Impulse und Informationen aufnehmen und Informationen in Form von Energie und Licht aussenden. Es sollte leicht nachvollziehbar sein, dass neuer Input, neue Gewohnheiten und neue Erkenntnisse eine Energieverschiebung und Veränderungen auf allen Ebenen bewirken. Das ist es, was die Epigenetik, eine einsichtsvolle Wissenschaft, die in den letzten Jahren entstanden ist, erforscht. Etymologisch betrachtet heißt ›epi‹ ›darauf‹ oder ›danach‹ und bezieht sich auf alles, was über das Ursprüngliche, über den Kern gestülpt worden ist. Die Zellen enthalten immer noch die Blaupause, das ursprüngliche Siegel, und Epigenetik zeigt, dass es möglich ist, mit ihnen zu kommunizieren und die Zellerinnerung zu aktivieren. Sie beweist Veränderung und Umwandlung im Gegensatz zu Vorprogrammierung, die an Determinismus und im schlimmsten Fall an Fatalismus grenzt. Das ist Transformation. Deine Zellen besitzen, wie alles im Universum, ein Bewusstsein, und du mit deinem menschlichen Bewusstsein kannst dich mit deinen Zellen unterhalten, dich austauschen, mit ihnen zusammenarbeiten und so zum Mitschöpfer werden. Also bitte hinhören, was die Zellen, die Organe, die Körpersysteme zu sagen haben! Sie können wertvolle Botschaften für dich haben, dich frühzeitig warnen, dass du mehr Entspannung brauchst, nicht so viel Kaffee trinken solltest, mehr an die frische Luft und an die Sonne gehen solltest, ab und zu »Nein!« sagen solltest, wenn etwas mit deinem Herzen nicht übereinstimmt. Die Botschaften können subtil sein, fast unhörbar im Strudel des Alltags und dem Dschungel des Egos und der Selbstentfremdung. Gerade während dieser Reise werden wir neue Gegenden entdecken und auf unterschiedliche Art und Weise und auf verschiedenen Ebenen für die Sprache des Körpers empfänglich werden. Genauer gesagt geht es darum, sich empfänglich zu machen und zuzuhören, hineinzuspüren, sich selbst zu beobachten. Der Körper wird dein Entgegenkommen bemerken und es wird eine Interaktion entstehen, die immer inspirierender werden wird. Die Kommunikation wird im besten Fall von Erkenntnissen und Umstellungen im Lebenswandel untermauert, so dass du mehr Gleichgewicht in deiner Lebensführung erfahren wirst. Deine persönliche Kommunikation ist noch treffender und bereichernder als die besten Auflistungen von Symptomen und deren Bedeutung. Dein eigener Austausch mit diesem Körper, der dir so nah ist, ist maßgeschneidert und durchaus individuell.

Der Körper braucht seine Zeit zu reagieren, denn seine Schwingung ist langsamer als die deiner Gedanken. So kann es anfänglich scheinen, als ob er auf deine neuen Gewohnheiten nicht oder kaum reagieren würde. Lass ihm Zeit und beharre auf deinen neuen Erkenntnissen. Er wird dir dankbar sein. Daraus wird eine schöpferische Zusammenarbeit entstehen, die größeres Wohlbefinden, mehr Selbstbewusstsein und Selbstzufriedenheit nach sich ziehen wird. Eine beständige Einstellung ist von Vorteil, um echte Ergebnisse zu erhalten. Jeden Tag hast du die Möglichkeit zu üben, zu praktizieren und Erfolge zu sammeln. Eigentlich sagt dir dein Körper ständig, was er braucht, was ihm passt und was stimmig ist. Wir wissen, dass der Körper nicht nur aus Fleisch, Blut und Knochen besteht, sondern dass er von diesen subtilen, hochdifferenzierten Lichtenergien und Informationen durchdrungen ist. Das ist die Weisheit des Körpers. Die Perfektion deines Körpers übertrifft die besten und schönsten

Geräte und Maschinen, die der Mensch je erfunden hat, und doch pflegt manch einer sein Auto besser als seinen Körper.

Auch wenn dein Körper dir nicht gefällt, höre auf ihn, kommuniziere mit ihm und lass dich weise von ihm inspirieren und führen. Er wird dadurch schöner und gesünder, denn was bleibt ihm sonst anderes übrig, als seine Botschaft durch Schmerzen und Krankheit auszudrücken. Das ist seine letzte Möglichkeit, deine Aufmerksamkeit auf sich zu lenken in dem Versuch, das Gleichgewicht wieder herzustellen.

3.6 Die fünf Sinne: Fünf Finger einer Hand

Unsere linke Gehirnhälfte, die in unserer Gesellschaft dominiert, liebt es ›Haare zu spalten‹, Einzelheiten aus der Gesamtheit herauszunehmen, zu trennen und zu analysieren. Sie verliert die Übersicht, die Zusammenhänge und die Zugehörigkeit, die z. B. für das ökologische und ganzheitliche Denken grundsätzlich sind. So hat das moderne Leben den Menschen in zwei Teile getrennt: in Geist und Körper, in einen spirituellen und einen materiellen Bereich. Es hat ihn geschult, nur mit seinem Geist zu sehen und nur mit seinem Körper zu fühlen. Aus dieser Spaltung heraus entsteht eine gewisse Orientierungslosigkeit, an die er sich gewöhnt hat, und er zweifelt gerne an dem, was er wahrnimmt, und meint, er würde es sich ›einbilden‹. Unsere fünf Sinne sind die Brücke, um diese Kluft zu überbrücken.

Eigentlich bilden sie eine Einheit wie die fünf Finger einer Hand. Sie bestätigen und verstärken einander. Nur dadurch entsteht eine ganzheitliche Wahrnehmung. Mehrere Sinne gleichzeitig bieten jedoch eine bessere und umfangreichere gesamte Wahrnehmung der Realität an. Dieses ganzheitliche Gewahrsein verstärkt die Klarheit unserer Erfahrungen. Wenngleich diese neue Perspektive einfach zu erlernen ist, so verlangt sie eine grundsätzliche Umstellung, die ich gründlich und sorgfältig in Seminaren unterrichte.

4 Die erste Schicht – Der Ätherkörper

4.1 Die feinstoffliche Schablone des materiellen Körpers: Der leicht sichtbare Ätherkörper

Deine physische Erscheinung kannst du sehen, spüren, anfassen, messen, wiegen usw. Wenn wir die nächste Ebene betreten, also die erste feinstoffliche Schicht, begegnest du der Übergangsregion von der grobstofflichen zu den Abstufungen der verschiedenen, immer subtiler werdenden Auren. Der Ätherkörper ist nicht mehr so materiell wie der physische, aber auch noch nicht so durchlässig wie das weitere Stadium des emotionalen Körpers. Auf der feinstofflichen Ebene sind die Strukturen flüchtig, gasförmig und strahlend, wie ein leicht wahrnehmbares Licht. Das gilt besonders für die erste Schicht, für die Ausstrahlung des Ätherkörpers.

Vielleicht hast du ihn schon einmal per Zufall erblickt, ganz spontan hast du einen flüchtigen Eindruck seines bläulich, gräulich oder weißlichen Schimmers bekommen. Es kann sein, dass du deinen Ätherkörper oder den eines nahen Menschen leicht berührt hast, indem du die Hand ungefähr im Abstand von 3 bis 4 cm über die Haut gleiten ließest. Das Glattstreicheln der Ätherschicht einer Katze – ein paar Zentimeter über deren Rücken – wird dein Gespür dafür verfeinern, und sie wird eine sichtbare Reaktion des Tieres hervorrufen.

Du kennst auch sonst das leichte Unbehagen, vielleicht kaum wahrnehmbar und doch spürbar, z. B. kurz bevor du Kopfschmerzen bekommst. Der Schmerz ist noch nicht im Körper, aber trotzdem kannst du seine Vorzeichen registrieren. Es gibt auch das, was ich den ›Digitalschmerz‹ nenne, denjenigen, den ich spüre, wenn ich mit dem schnurlosen Telefon oder dem Handy telefoniere, mein kleines Diktiergerät benutze oder vor dem Computer sitze. Mal ist es eine fast unmerkbare Übelkeit, mal ein durch den Körper ziehendes Unbehagen, das sich in einem Körperteil kurz festsetzt und manche energetischen Fasern des Ätherkörpers auswringt. Kennst du diese Reaktion auch? Es lohnt sich, deine Aufmerksamkeit auf dieses kaum wahrnehmbare Unwohlsein zu richten, denn du wirst dadurch empfänglich für Vorboten von Disharmonien im feinstofflichen Körper, bevor sie sich im materiellen Körper niederlassen und sich als körperliche Störung zeigen. Führe deine eigenen Experimente durch. Mit deinem wachsenden Bewusstsein wirst du Gelegenheiten haben, dein neues Wissen spielerisch zu testen und dir etwas Gutes zu tun. Ich gebe dir noch weitere Hinweise, damit du deine Erforschung des Ätherkörpers erweitern kannst.

Der physische Umriss aller lebendigen Wesen ist von einer weißlichen Ausstrahlung umhüllt. Eine günstige Zeit, um sie sowohl bei Pflanzen und Tieren aber auch bei Menschen ›einzufangen‹, ist die Dämmerung. Nach Sonnenuntergang wird dich dieses Erlebnis in eine besinnliche Stimmung versetzen und dir das Tor zu zarten inneren und äußeren Welten öffnen. Auch tagsüber kannst du die ätherische Aura beobachten, entweder vor einem einfarbigen hellen oder dunklen Hintergrund. Umso wahrnehmbarer ist der lichte Glimmer, wenn du gelassen bist und einen ›weichen Blick‹ aufsetzt. Möglicherweise wirst du unregelmäßige Strahlen am Rand der Schulter sehen, die den Arm hinunterfließen oder, wenn du geübter bist, leuchtende Linien, die den Körper durchlaufen. Diese Übungen gehst du am besten spielerisch und unbefangen an, denn sobald du ihn erblickst, wird sich der ätherische Schimmer verflüchtigen. Mache dich eher empfänglich für den Eindruck, als ihn unbedingt sehen zu wollen. Festhalten und überprüfen zu wollen wird sich als kontraproduktiv erweisen. Aura-Sehen ist eine verblüffende Übung, um das Loszulassen zu lernen und im Fluss zu sein.

Du kannst es dir aber auch noch bequemer gestalten: Umgib dich mit Pflanzen, lehne dich zurück in die Stille oder mit entspannender Musik. Lass deinen Blick liebevoll aus den Augenwinkeln auf deine pflanzlichen Freunde fallen. Erinnere dich daran, dass auch sie lebendige Wesen und empfänglich für deine Gedanken und deine Gefühle sind. Eine energetische Verbindung zwischen dir und den Pflanzen wird sich auf eine ganz natürliche Weise aufbauen: eine Öffnung füreinander, die Geheimnisse enthüllt. Und so wird es sein, dass die Pflanzen dir das Herz öffnen und dir ihr ätherisches Licht zur Schau anbieten.

4.2 Ein wenig Theorie: Wissen macht wach

Hier möchte ich auf eine selten erwähnte Einzelheit eingehen, die grundsätzlich für alle feinstofflichen Körper und ihre dazu gehörigen Auren gilt. Die subtilen Äther-, Emotional-, Mental- und Seelenkörper befinden sich alle an derselben Stelle, und zwar da, wo der physische Körper ist. Sie werden in der Reihenfolge immer kleiner (der Emotionalkörper ist enger als der Ätherkörper, der Mentalkörper ist wiederum kleiner als der Emotionalkörper), dafür strahlen ihre respektiven Auren immer weiter. Anders ausgedrückt: je subtiler, je höher die Frequenz der Körper, desto ausgedehnter ihre Ausstrahlung. Die feinstofflichen Körper speichern Erinnerungen und Erlebnisse, die Auren hingegen sind eine Spiegelung der Lebensführung des Menschen, jener Frequenz, die er insgesamt in die Welt aussendet, ob lichtvoll, bedrückt, trüb oder verwirrt.

Der Ätherkörper empfängt und sammelt die Lebenskraft aus dem Kosmos, wandelt sie in Lebensenergie um und leitet sie zum physischen Körper. Die Lebensenergie nährt das ganze System, die Chakren, die Nadis, die Meridiane, die Drüsen, das Blut und die Zellen und ermöglicht die notwendigen chemischen und physiologischen Prozesse in unserem Körper. Vollständig ausgebildet ist er erst mit sieben Jahren, vorher nutzt das Kind teilweise den Ätherkörper der Mutter. Er ist zuständig für die Aufrechterhaltung der vitalen Funktionen des Organismus. Je gesünder, vitaler, energiereicher die Vitalenergie, desto größer die Ätheraura, die zwischen 15 und 80 cm beträgt. Jemand mit einer kleinen, dünnen, trüben Ätheraura fühlt sich ausgelaugt und antriebslos. Bei chronischer Müdigkeit sollte unbedingt die Ätherschicht des Menschen getestet werden.

Wenn wir sagen, dass der Ätherkörper die Schablone des materiellen Körpers ist, bedeutet das, dass es für jedes System, für jedes Organ und für jeden Körperteil einen subtilen Abdruck gibt. Die Disharmonie entfaltet sich zuerst im ätherischen Vordruck und kann dort leichter geklärt werden als auf der grobstofflichen Ebene.

Im Mittelalter und auch noch heute existiert als Teil des rationalen Denkens die allgemeine Annahme, dass der Raum aus Leere besteht. Ich bin mit diesem kartesianischen Denken aufgewachsen: »Wo nichts zu sehen ist, da ist auch nichts. Es ist leer«. Befremdlich wurde es für mich, als ich immer wieder etwas sah, wo ich nichts hätte sehen dürfen, nämlich leuchtende, durchsichtige Lichtpunkte, die mit unterschiedlicher Geschwindigkeit durch die Luft schwirrten. An schönen, sonnigen Tagen sind sie zahlreich, strahlend und beweglich. An bedeckten Tagen sind sie rarer, abgeschwächt und in ihrer Bewegung verlangsamt. Erst Jahrzehnte später wurde meine Kindheitswahrnehmung bestätigt: Ja, die glänzenden Pünktchen in der Luft gibt es tatsächlich! Es sind Prana Globuli – Lebenskraft-Teilchen aus dem Kosmos. Du kannst sie am besten an sonnigen Tagen sehen, wenn du deinen entspannten Blick gegen den blauen Himmel richtest.

Im 20. Jahrhundert, aber auch schon davor – Baron von Reichenbach mit dem ›Od‹ kommt mir spontan in den Sinn – haben sich zahlreiche Wissenschaftler mit Messungen und Theorien auseinandergesetzt, die die Existenz eines Lebensfeldes oder Biofeldes, eines universellen Licht-Energie-Gewebes bestätigt, das allem Materiellen, Grobstofflichen zugrunde liegt. Wenn wir diese Anschauung näher betrachten, entdecken wir, dass das Leben sich auch auf anderen Ebenen abspielt. Eben diesen, die wir für unsichtbar halten, wenn wir uns in einem eingeschränkten Gewahrsein befinden. Wir werden sie aber allmählich durch Sehen, Spüren, Hören, Riechen und Abtasten wahrnehmen, und wir werden diese sogenannten unsichtbaren Ebenen in Ordnung bringen und im Gleichgewicht halten. Sie werden Teil unserer alltäglichen Wahrnehmung innerhalb eines breiteren Horizonts, der uns befähigt, unsere eigenen Kräfte und unser Potenzial im Einklang mit unserem kosmischen Ursprung zu verbinden. Harold Saxton Burr, Max Planck, John Steward Bell, David Bohm, Wilhelm Reich, Rupert Sheldrake, um nur einige Energieforscher zu nennen, haben wissenschaftlich das Lebensfeld und das Prana, das Orgon, die morphogenetischen Felder erforscht. In enger Zusammenarbeit mit internationalen Arbeitsgruppen hat Professor Fritz Albert Popp[6] das äußerst schwache Licht gemessen, das jedes Lebewesen – vom Einzeller bis zum Menschen – aussendet. ›Biophotonen‹ (griechisch ›Licht des Lebens‹ oder ›Lebenslicht‹) nennt er die Lichtpartikel, die er misst. Der russische Forscher Popow nennt

[6] Prof. Fritz Albert Popp, deutscher Physiker, geb. 1938

es ›Biofeld‹ oder ›Bioplasma‹. Viele verschiedene Namen – ich habe absichtlich die mystischen, esoterischen und die spirituellen Wissenschaften ausgelassen –, aber es geht grundsätzlich um dieselbe Energie, die du allmählich immer deutlicher wahrnehmen wirst.

Eines der bekanntesten Experimente von Prof. Popp (seine Professur wurde ihm entzogen, aber er wurde rehabilitiert) ist die Messung der Biophotonen aus zwei verschiedenen homogenisierten Eidottern: der eine aus Eiern von gesunden, freilaufenden Hühnern, der andere aus Eiern von Hühnern aus einer Legebatterie. Welche Eier weisen die intensivere Lichtstrahlung auf? Du hast kein Labor, dafür deine Wahrnehmungsfähigkeit. Vergleiche beide ätherischen Ausstrahlungen. Mit ein wenig Übung wirst du den Unterschied feststellen können.

4.3 Was dem Ätherkörper widerfahren kann

Im gesunden Zustand fungiert der Ätherkörper als Puffer zwischen physischem und Emotionalkörper und übt eine schützende Funktion aus. Schock, Stress, physische und psychische Traumata werden im Ätherkörper als Gedächtnis gespeichert, das sich im Körper als Zellerinnerung einprägt. Mit der Zeit und mit wiederholten Ereignissen können sich pathologische Informationen in einem Organ niedersetzen und sich als Schmerz und später als Krankheit manifestieren. Es ist ein entscheidender Schritt zu verstehen, dass energetische Disharmonien zuerst in den feinstofflichen Körpern entstehen und Gestalt annehmen, so dass sie graduell ihren Ausdruck im materiellen Körper finden. Erst dann kann eine körperliche Pathologie festgestellt werden. Dieses Wissen könnte in wahren präventiven Maßnahmen umgesetzt werden, indem der Ätherkörper bereinigt und gepflegt wird. Stattdessen wird systematisch nach Krankheit gesucht (wer suchet, der findet) oder es werden Organe entfernt im Sinne einer falsch verstandenen Prophylaxe.

Als ich vor vielen Jahren als Krankenschwester in der Bircher-Benner-Klinik in Zürich arbeitete, wurde ich kurzfristig in eine andere Abteilung versetzt, um eine Schwester abzulösen. Dort lag eine ältere Dame, die sehr ausdrucksvoll über unerträgliche Schmerzen am linken Unterschenkel klagte: »Ich liege schon seit fünf Tagen hier, die Ärzte können mir nicht helfen!« Fast routinemäßig ließ ich meine Hand nah am Bein entlang gleiten, ohne dieses zu berühren. Ich hatte kaum Zeit, das zerrissene ätherische Gewebe zu spüren, als sie bereits entzückt rief: »Sie tun mir gut. Sie haben heilende Kräfte. Sie müssen mir helfen!« Im Nu war der Dienstarzt auf der Station und bewilligte, dass ich einige Aura-Harmonisierungen durchführte. Die laut klagende Patientin wurde schmerzfrei und friedlich.

Manchmal wird der Ätherkörper wie ein Sandwich zwischen Emotional- und materiellem Körper zerdrückt. Der Puffereffekt wird dann nicht mehr gewährleistet, dadurch entsteht Unruhe, und der Mensch fühlt sich ruhelos und angetrieben. Ist der Abstand dagegen zu groß, empfindet er Frustration, und es fällt ihm schwer, Entscheidungen zu treffen.

Auch Schock ist imstande, die feinstofflichen Körper zu verrücken. Vicky Wall, die Aura Soma in der Meditation empfang, erzählte von ihrem Einsatz im Rettungsdienst in London während des Krieges. Da hatte sie des Öfteren die Gelegenheit zu beobachten, wie sich die Aura durch Schock auf die linke Seite des Körpers verschob. In Aura-Sitzungen begegne ich Menschen, die beschreiben, dass sie das Gefühl haben ›neben sich zu stehen‹. Wenn ich sie frage, seit wann sie diesen Eindruck haben, berichten sie von einem einschneidenden Erlebnis oder einer besonders schwer zu ertragenden Situation.

Im Ätherkörper sitzen Miasmen, jene latenten Krankheitsauslöser, die gelegentlich Heilungsergebnisse zunichtemachen, wie sie von Dr. Samuel Hahnemann, dem Erfinder der Homöopathie, beschrieben wurden.

Ich konnte nie Alkohol vertragen. Ich bekam Kopfschmerzen und musste erbrechen, während die anderen ›im siebten Himmel‹ schwebten. Einmal saß ich in einer lockeren Runde, in der Alkohol konsumiert wurde und konnte beobachten, wie die erste Schicht der Aura bei manchen Anwesenden sich allmählich vom physischen Körper löste. Der Alkohol bewirkte, dass der Ätherkörper gelockert wurde, so dass er nicht mehr richtig saß und eine klaffende Spalte zwischen Äther- und materiellem Körper entstand. Das ist auch der

Fall bei leichten Drogen. So deutlich hatte ich den Prozess auf hellsichtige Weise bis dahin noch nicht beobachten können. Ich war heil-froh, dass ich nicht in diesen künstlichen ›siebten Himmel‹ durfte!

Jeder wird für sich wissen, wie viel und wie regelmäßig die Einnahme von Alkohol für seinen Körper (seinen Ätherkörper) und seine Psyche wohltuend ist. Die Freude an einem guten Glas Wein will ich dir nicht rauben, aber es ist sinnvoll zu beobachten, wie der Organismus darauf reagiert. Die regelmäßige Einnahme von bewusstseinsbeeinträchtigenden Substanzen inklusive Alkohol schädigt mit der Zeit die Überlappung zwischen Äther- und physischem Körper und schafft so eine Öffnung, die durch das Gesetz der Resonanz Fremdes anzieht und zulässt, dass Larven, energetische Parasiten, sich im Ätherkörper einnisten. Rauchen betrübt und verschleiert ihn.

Wenn wir bedenken, was für eine Rolle diese erste Schicht der Aura spielt, ist es schade, eine Barriere zwischen den höheren feinstofflichen Körpern (Emotional-, Mental- und Seelenkörper), welche die kosmische Kraft hinuntertransportieren, und dem physischen Körper zu errichten. Wir trennen uns durch unerwünschte Gewohnheiten von unserem kosmischen Ursprung, genauer ausgedrückt, wir verzerren den kosmischen Fluss in unserer Aura und unserem physischen Gefäß.

Ein silberner Heilstein, der Antimonit, hilft, Fremdenergien aus dem Äther hinauszubefördern. Man kann ihn bei sich tragen. Eine tiefe Reinigung von den fremden Larven wird jedoch vernünftigerweise einer kompetenten Fachperson überlassen und sollte auf jeden Fall auch von einer radikalen Veränderung des Lebenswandels begleitet werden.

Möchtest du deinen Ätherkörper gepflegt, vital und strahlend erhalten, kannst du selbst in deiner alltäglichen Routine gesunde Gewohnheiten einführen.

4.4 Pflege und Nahrung des Ätherkörpers

Die Basis einer Ätherkörperpflege ist eine gesunde Selbstliebe und Selbstannahme, die Akzeptanz, dass ich jetzt in diesem Körper auf der Erde in diesen besonderen Zeiten bin und mir gestatte, ich selbst zu sein.

»Und was passiert, wenn ich Mühe habe, mich selbst anzunehmen wie ich bin? Das ist ja bei vielen Menschen der Fall.«

»Die Überbrückung zwischen der emotionalen und der physischen Ebene – das ist die Funktion der ersten Schicht der Aura – ist dann zu schwach. Der Mensch fühlt sich müde, kraftlos und leidet an Energieverlust. Dem Ätherkörper fehlen die Spannkraft und die Leuchtkraft.«

»Es geht also primär um meine Beziehung zu mir selbst?«

»Ja, aber auch andere Faktoren spielen eine Rolle. Wenn ich erkenne, wer ich bin, werde ich auch die Bereitschaft mitbringen, mit mir auf eine gesunde, harmonische, würdevolle Weise umzugehen. In diesem Zusammenhang taucht hin und wieder ein Missverständnis auf. Es geht nicht darum, sich teure Diäten, renommierte Ärzte oder Kuren und ganz außerordentliche, fast unbezahlbare Nahrungsergänzungsmittel zu leisten. Das ist alles gut und schön. Aber das Wichtigste fehlt im alltäglichen Umgang mit sich und im Kontakt zu sich selbst. Es wird viel getan, aber in welchem ›Geist‹ oder in welcher Einstellung es durchgeführt wird, das ist das Entscheidende. So kann es sein, dass die besten Vorsätze relativ wenig bewirken. Der Umgang mit sich, von schädlichen Gewohnheiten begleitet, trägt die Botschaft ›Ich mag mich nicht‹. Interessant ist, dass dieses Verhalten auch bei Leuten anzutreffen ist, die doch einiges für sich tun. Es liegt eher an dem ›wie‹ als an dem ›was‹«.

»Warum macht diese Einstellung kraftlos? Das begreife ich nicht.«

»Das kann ich dir erklären anhand meines persönlichen Beispiels: Mit 19 Jahren war ich sehr zart, gehemmt und verträumt. Ich ›schwebte über der Erde‹ und es fiel mir schwer mit meinen hellsichtigen Fähigkeiten umzugehen. Pausenlos fragte ich mich, was ich wohl in dieser Welt zu tun hätte. Es gab immer wieder Momente, in denen mir ohne Vorankündigung plötzlich schwindlig wurde, und ich bewusstlos umkippte.«

»Ich habe den Eindruck, du warst nicht präsent, bist nicht im Leben gestanden, und vor allem hast du dein Wesen, das Wesentliche, nicht gewürdigt.«

»Ich fühlte mich nicht wohl in meiner Haut. Ich konnte mich nicht annehmen, wie ich war. Das macht den Ätherkörper schwach und energielos. Der Ätherkörper braucht Nahrung, ebenso wie dein physischer Körper Lebensmittel und Flüssigkeit benötigt. Die Energiezufuhr des Ätherkörpers darf natürlich ein wenig ätherischer sein. Er braucht Wasser, Luft, Sonne, Prana, die Lebenskraft von natürlicher Nahrung, Magnetismus und den Austausch mit unseren Mitmenschen. Die Prinzipien einer natürlichen Lebensführung entsprechen diesen Bedürfnissen, und Menschen, die sie befolgen, haben eher einen achtsamen Zugang zu sich und anderen und eine Offenheit für Philosophie oder Lehren, die das Natürliche ins Zentrum stellen, wie beispielsweise Kneipp-Anwendungen, gesunde Ernährung, Wandern etc.

Rohe, naturbelassene, ungekochte Lebensmittel sind lebendige Nahrung, wie Prof. Werner Kollath[7] in seiner Abhandlung und Einordnung ›Von natürlichen zu präparierten Nahrungsmitteln‹ akribisch beschrieben hat. Überwiegen bei dir die präparierten Lebensmittel wie Zucker, Produkte aus Auszugsmehl, Trockennahrung, vorgefertigte Mahlzeiten, künstliche Vitamine und Aromastoffe?«

»Ja, das muss ich unter die Lupe nehmen!«

»Das sind die Nahrungsmittel, die am wenigsten Nährwert beinhalten. Eine andere Ärztin, die viel zum Bewusstsein für Ernährung und Heilung von sogenannten ›unheilbaren‹ Krankheiten beigetragen hat, ist Frau Dr. Johanna Budwig[8], die Leinöl verabreichte. Leinöl hilft, das Licht im Ätherkörper und in den Zellen zu speichern. Es nährt als die energetische Matrix des Körpers die ätherische Schicht mit Biophotonen, mit Licht, mit Lebenskraft.«

---

[7] Werner (Georg) Kollath, deutscher Bakteriologe, Hygieniker und Ernährungswissenschaftler, 1892-1970

[8] Johanna Budwig, deutsche Chemikerin und Apothekerin, 1908-2003

4.5 Reinigung der ätherischen Aura

Wie der physische Körper, so muss auch der ätherische in regelmäßigen Abständen und nach Bedarf gereinigt werden. Der Rauch eines guten, naturbelassenen Räucherwerks hüllt die Aura mit klärenden, erfrischenden Harzen ein und entfernt Unreinheiten und Belastendes. Billiges Räucherwerk hat dagegen künstliche Zutaten und einen künstlichen Geruch, die die Duftrezeptoren der Nase verwirren und die oberen Atemwege schädigen. Das auf einer Räucherkohle schmorende naturbelassene Harz wird sorgfältig um die Aura herum bewegt und entfaltet seine wohltuende, reinigende Wirkung. Ein schönes Ritual. Eine andere, wunderbare Weise, um die erste Schicht zu belüften und zu klären, ist ein Spaziergang im Wald oder durch eine Allee mit Bäumen. Die Auren der Bäume beleben und säubern deine Aura. Ist es nicht wunderschön zu wissen, dass andere Lebewesen dir zur Verfügung stehen und bereit sind, dir zu helfen, deine Feinstofflichkeit zu pflegen? Sei ihnen dankbar, sie freuen sich darauf!

Ferner sind Salz und Salzwasser, energetisch gesehen, hervorragend läuternde Mittel für den Ätherkörper und dessen Ausstrahlung. Eine Klientin erzählte mir, dass sie gelegentlich Salzbäder nimmt. Allerdings kann ich die Wirkung bei ihr nicht wirklich feststellen, denn ihre Aura erscheint matt, verklebt mit Ballast und Unreinheiten. Deshalb möchte ich jetzt ausführlich auf die korrekte und wirkungsvolle Anwendung von Salzbädern eingehen, damit viele Menschen dieses heilsame Ritual zuhause effektiv durchführen können. Ich biete zwei Versionen an, eine lange in der Badewanne und eine kurze unter der Dusche.

Salzreinigung in der Badewanne:

Du brauchst dazu:
- 500 g eines unbelassenen Meer- oder Steinsalzes ohne Beimischungen
- 30 min ungestörte Zeit im Badezimmer und anschließende Bettruhe. Im optimalsten Fall wird das Bad vor dem Zubettgehen durchgeführt.
- Bademantel, große Badetücher und Bettsocken

- alles, was das Ritual noch verschönern kann: Blumen, Musik, Kerzen, Duftlampe oder aber Einfachheit und Stille

Das Vorgehen:

Zuerst duschen. Die hygienische Reinigung wird wie üblich mit einer guten Seife durchgeführt. Dann werden die 500 g Salz unter laufendem Wasser in der Badewanne gelöst. Das Wasser sollte eine angenehme Körpertemperatur haben: nicht zu heiß, sondern temperiert (37 °C). Dann legst du dich ins Wasser und achtest darauf, dass dein Körper entspannt und bequem liegt. Kühlt das Wasser ab, wird nach Bedarf warmes Wasser hinzugefügt, denn es darf einem nicht kalt werden. Das Salz enthält viele Spurenelemente, die von der Haut aufgenommen werden. Dafür ist es sinnvoll, dass du solange im Salzwasser liegst, wie es für dich angenehm ist, aber nicht länger als 15 Minuten. Natürlich darfst du jederzeit vorher aus dem Bad heraus, vor allem, wenn dir dieses Ritual neu ist. Die Wirkung ist nicht zu unterschätzen, besonders wenn der Körper stark belastet ist und viele Toxine ausscheiden muss. Das Salz reinigt und nährt. Ein Prozess ist am Werk; es ist ein achtsamer Vorgang und kein Wettbewerb. Dein Körper und dein Gefühl geben dir Bescheid: »Jetzt will ich heraus«. Nach höchstens 15 Minuten lässt du das Wasser abfließen und ziehst einen Bademantel an, ohne dich vorher abzuduschen und abzutrocknen. Socken anziehen, und ab ins Bett!

Da wirst du schwitzen. Nach Bedarf kannst du dich in saubere Badetücher wickeln. Der Schlaf wird tief und entspannt sein. Dein Körper arbeitet auf Hochtouren während du schläfst! Am Morgen unbedingt gründlich abduschen.

Die Haut ist schön, die Reinigung ist gründlich und die Läuterung des Ätherkörpers wirksam. Nach Bedarf einmal pro Woche durchführen.

Anwendungsbereiche: nach Streit, bei Müdigkeit, bei Erkältung, wenn wir in Menschenmengen oder an belasteten Orten verweilt haben und als Reinigung für Therapeuten.

Das gilt auch für die folgende Kurzversion:

Salzreinigung unter der Dusche:

Du brauchst dazu:
- ca. 15 Minuten Zeit (Tageszeit zur freien Wahl, Ruhe danach ist immer empfehlenswert)
- eine Handvoll naturbelassenes gemahlenes Salz
- ein Bio-Öl, z. B. Mandelöl für feine Haut. Ich nehme gelegentlich Olivenöl. Das Öl und das Salz zu einer festen Paste mischen.

Das Vorgehen:

Zuerst die hygienische Reinigung der Haut durchführen.
Mit der Öl-Salz-Mischung die Haut am ganzen Körper leicht einreiben. Bei Menschen mit zarter Haut eventuell die Gesichtshaut vermeiden. Für mich wirkt es Wunder, denn es scheint sogar die kleinen Falten zum Verschwinden zu bringen. Ein Schönheitsrezept und ein energetisches Läuterungsritual in einem! Anschließend richtig abduschen. Das Salz hat entgiftende Wirkung und es kann sein, dass du dich danach entspannt fühlst und kurz ruhen möchtest.

Ich hoffe, auch du kannst Begeisterung für diese einfache Prozedur aufbringen, die für den physischen und den Ätherkörper sehr wohltuend ist.

Auf unserer Reise fahren wir nun fort zur nächsten Station, zum Emotionalkörper.

5 Die Welt deiner Emotionen – Der Emotionalkörper

Der aktivste feinstoffliche Körper in der jetzigen Entwicklung der Menschheit ist der Emotionalkörper. Bei einer Aura-Lesung ist er in der Regel als erster und am leichtesten zu sehen. Er springt einem buchstäblich ins Auge.

Im Allgemeinen ist er gemeint, wenn es um die Schilderung der Aura geht mit den farbigen, sich ständig verändernden Wolken, die den Menschen in jeder Stimmungslage umhüllen und begleiten. Es sind jedoch zwei unterschiedliche Dinge, einerseits die Farben zu sehen und andererseits die Botschaften des Emotionalkörpers zu übersetzen im Kontext der Reise der Seele und der momentanen Lebenssituation des Klienten.

Emotionen sind Kräfte, die jeder Menschen besitzt, aber uns ist unklar, worüber wir verfügen, und wie damit umzugehen ist. Ihre Unberechenbarkeit verunsichert uns. Es ist ein Paradoxon in unserer Gesellschaft: Jeder hat Gefühle, aber jeder tut, als ob sie nicht wirklich vorhanden wären. Oftmals werden sie verwässert oder auf ›vernünftig‹ stereotype Weise ausgedrückt. »Ich bin enttäuscht«, sagte die Frau. Es klang mild und anständig. Trotzdem konnte ich sehen, wie die Weißglut intensiv die zweite Schicht der Aura ausfüllte.

Spirituelle Leute fürchten die Emotionen, denn sie tauchen auf ungezügelte Weise in der Landschaft der manchmal gekünstelten Harmonie vor allem dann auf, wenn man sich in die Ruhe begeben will, und ruinieren damit die Meditation. Und trotzdem sind sie Teil des ganzen Menschen, Teil seiner Einheit Körper-Seele-Geist. Wieso betrachtet man sie dann als störend und unerwünscht?

Gefühle sind weder zu verdrängen noch zu meistern. Sie sind wie die Hydra mit ihren vielen Köpfen: Schneidet man einen davon ab, wächst er wieder nach, während alle anderen aktiv bleiben. Gerade wenn man Empfindungen verdrängen und verstecken will, finden sie ihren Weg unbeirrt durch selbst erschaffene Lebenssituationen, Krankheiten, Beziehungen, psychosomatische und psychische Störungen. E-motio-nen (aus dem Lateinischen: motio = Bewegung) bewirken Veränderung, fungieren als Rückmeldung zwischen dem inneren Empfinden und den sich äußerlich abspielenden Ereignissen und zeigen deutlich, ob etwas im Einklang mit meiner Seele/ meinem

Wesen ist. Fühlt es sich stimmig, angenehm und passend an, dann wirkt es erweiternd auf die Aura. Umgekehrt können Gemütsbewegungen als warnendes Signal verstanden werden, dass etwas für mich nicht stimmt, dass etwas nicht im Einklang mit meiner Wahrheit ist, dass ich wachsam sein sollte.

Genieße die angenehmen Eindrücke in vollen Zügen. Bringe aber bitte nicht die unangenehmen Reaktionen zum Schweigen, ohne ihnen ein offenes Ohr geschenkt zu haben. Sie haben nämlich viel zu erzählen und deuten auf so manches, was unter die Lupe genommen werden will, auf Unbewusstes, Verdrängtes, auf Teilaspekte unserer Persönlichkeit, die sich am liebsten verstecken würden, die nicht wissen, wie sie in Fluss kommen können und deshalb einen Stau oder eine Blockade bilden. Abgespaltene, fragmentierte Komplexe aus Gedanken und Gefühlen erschaffen schwere, dunkle und unbewegliche Stellen in der Aura. Das sind diejenigen, die wir als schlecht, inakzeptabel oder schamvoll abstempeln. Wir wollen uns aber nicht als Opfer unserer nicht integrierten Emotionen betrachten, denn sie sind veränderliche, bewegliche Kräfte. Genau das können wir zu unserem Vorteil nutzen.

5.1 Die Eigenschaft der Emotionen: Veränderung

Anstatt uns mit unserer emotionalen Kraft unwohl zu fühlen, schlage ich vor, dass wir sie verstehen und nützlich einsetzen. Die Welt der Gefühle entspricht dem Element Wasser und unterliegt ebenso ständiger Bewegung und Veränderung. Wir aber wollen an etwas festhalten, wenn wir behaupten, etwas sei immer schon so gewesen und werde auch immer so bleiben, und verharren dadurch in einem Gefühl des ›Steckenbleibens‹. Eine Blockade entsteht, eine negative Empfindung verfestigt sich – die Situation ist festgefahren. Die ureigenste Natur der Gefühle ist aber, wie das Wasser, in einem stetigen Fluss der Veränderung. Nutzen wir also diese Eigenschaft!

Es gibt drei negative Grundemotionen: Angst, Wut und Trauer.
»Wozu neigst du?«

»Ich weiß nicht, ein wenig zu allen dreien. Das ist abhängig von der jeweiligen Situation. Manchmal bin ich ein wenig verwirrt und weiß nicht genau, welches Gefühl ich habe.«

»Das klingt eher nach Vermeidungsstrategie. Betrachte es mit ein wenig Abstand und überlege, welche der drei genannten emotionalen Ausrichtungen du als dein Grundthema erkennst.«

»Wenn ich spontan hineinspüre, geht es bei mir eher um Wut. Natürlich würde ich sie nie so herauslassen.«

»Klar, das tun wir nicht, denn wir sind sozialisierte Wesen. Oft wird Wut gegen sich selbst gerichtet und wird zur Selbst-Aggression; Wut gegen sich selbst ist der häufigste Auslöser von Depressionen. Auch wenn beide, Wut und Depression, eine niedrige Schwingung haben, geht Depression noch tiefer, denn da stagniert wirklich alles. Hingegen kann Wut Veränderung initiieren, also Dinge in Fluss bringen, so dass eine Verbesserung, eine Evolution angeregt wird, was bei Depression weniger der Fall ist. Jetzt wollen wir unsere Emotionen mit offenen Augen anschauen.«

»Wie kann ich das bewerkstelligen?«

»Dafür wirst du Gebrauch machen von der Dualität deines Wesens. Du bist deine sich ständig fluktuierenden Emotionen, aber du bist auch eine beständige, ewige Seele. Wir werden eine Zusammenarbeit zwischen beiden vereinbaren, und dazu hast du noch die Wahl, bewusst mit deinen Emotionen umzugehen. Du kannst sie aufmerksam beobachten und begleiten in ihrer ständigen Veränderung, in jedem Augenblick, in jeder Sekunde. Das können wir gemeinsam durchführen. Der unmittelbarste Weg zu erfahren, ob eine Empfindung blockiert ist, besteht darin, eine Spannung oder ein Unbehagen im Körper aufzuspüren.«

»Oh, am Fuß habe ich eine Schwellung und hier am Brustkorb tut es weh.«

»Am besten entscheidest du dich für eine Stelle, nicht die akuteste, denn wir sind ja erst am Üben. Betrachte sie einfach, wie sie jetzt ist, ohne Vorurteil. Fühlt sie sich warm oder kalt an, aktiv und nervös oder angespannt und zusammengezogen?«

»Mein rechter Fuß ist angespannt und irgendwie ›satt‹, als ob es keinen Platz mehr darin gäbe.«

»Bitte beobachte jetzt die Stelle und folge jeder kleinen Veränderung mit einem stets neuen Blick, in jedem Augenblick.«

»Einfach beobachten?«

»Ja, ganz intensiv. Gleich wird ein Teil des Schmerzes freier.«

»Ich habe das Bedürfnis durchzuatmen. Das Gefühl am Fuß ist noch angespannt, als ob er am Platzen wäre.«

»Einfach dabei bleiben in jeder Sekunde.«

»Sogar in der festen Gegend spüre ich jetzt, wie es lebendiger wird. Ganz subtil, kaum fassbare Veränderungen.«

»Beobachte den Fuß, den Schmerz weiter, Schritt für Schritt.«

»Es tut sich etwas, ganz leicht, aber es kommt insgesamt mehr in Fluss.«

»Schön. Betrachte weiter diese Stelle und dann den Rest des Körpers. Der Fuß ist Teil des gesamten Körpers.«

»Ich fühle mich mehr ›ganz‹ und realisiere erst jetzt, wie die Spannung mein allgemeines Wohlbefinden beeinträchtigt hat. Wie funktioniert das überhaupt? Ich habe nur beobachtet, ohne Absicht, ohne Urteil – nur beobachtet.«

»Das ist der Schlüssel. Du hast zugelassen, in jeder Sekunde präsent zu sein und jeden Moment bewusst zu verfolgen.«

»So einfach ist das?«

»Erstens hast du nur beobachtet, zweitens kein Urteil gefällt und drittens hast du nicht gedacht ›Die Spannung macht mich fertig‹ und hast sie somit nicht verfestigt. Das ist das Ergebnis der Kombination von Bewusstsein und der Wirkung der beobachtenden Seele. So einfach!«

5.2 Von der Notwendigkeit, sich selbst gegenüber ehrlich zu sein

Bitte sei ehrlich! So selbstverständlich ist diese Aufforderung nicht. Alle Ausreden, die kleinen Lügen des Alltags wie ›Es ist nicht so schlimm‹, »Da drücke ich ein Auge zu«, »Jemand anderer ist schuld«, »Wenn es anders wäre…«, nicht Ausgesprochenes, die Nicht-Wahrheiten, die noch keine Lügen, aber auch keine Wahrheiten mehr sind, sind Bestandteil unseres Lebens. Das ›Out of sight out of mind‹ der Engländer entspricht unserem ›Aus den Augen, aus dem Sinn‹. »Man sieht es nicht mehr, man denkt nicht mehr daran« ist nur eine andere Version von »Jeder sieht es, aber keiner spricht darüber«. Häufen sich solche Einstellungen, neigen sie dazu, eine leicht undurchsichtige Schicht in der Aura zu bilden.

Verdrängung gibt es in großen wie in kleinen Dingen. Wir fangen mit unseren kleinen Verdrängungen an. Sie liegen ja ganz nah. Verleugnung und Verdrängung machen es möglich, dass negative Energien sich in geheimen Winkeln verstecken und so ihr Unwesen weiter treiben können, getreu dem Motto: »Ich bin nicht da«.

Ich kannte ein Paar, das hatte drei Töchter. Die jüngste Tochter Deborah, eine hübsche Bretonin, war mit einem Südländer verheiratet, der immer gute Laune hatte. Ihre Ehe war problematisch, und ich sah in der Aura des Mannes, dass er seiner Frau oftmals respektlos und gewalttätig begegnete.

An diesem herrlichen Septembertag, Deborahs 21. Geburtstag, war die ganze Familie bemüht, einen äußerst gastfreundlichen und liebevollen Eindruck zu machen, und jeder wollte alles so schön wie möglich gestalten. Alle waren charmant, trugen hübsche Kleidung und die feinsten Gerichte standen draußen auf dem Tisch vor dem Haus. Deborah war bezaubernd geschminkt, gekleidet, frisiert, bekam viele Geschenke und wurde von jedem verwöhnt. Ein perfekter Tag für den 21. Geburtstag. Aber ihre emotionale Aura erzählte mir eine ganz andere Geschichte. Die junge Frau war zutiefst traurig und aufgewühlt. Mich beunruhigte, dass auch an diesem Tag die Schminke die blauen Flecken in ihrem Gesicht nicht vollständig abdeckte. Jedes Mal, wenn ich die Familie besuchte, hatte Deborah blaue Flecken, vor allem auf der Stirn. Es wurde nie angesprochen, und die fröhlichen Gesichter wollten um keinen Preis verraten, was da geschah. Für mich war klar, dass die gesamte Familie an einem unausgesprochenen Verleugnungsritual teilnahm. Eine surrealistische Gesellschaft. Obwohl für alle die blauen Flecken sichtbar waren, setzten wir unsere glückliche Maske auf. So einen schönen Geburtstag wollte auch ich nicht mit einer Bemerkung betrüben. Da mein Aufenthalt einen Tag länger dauerte, sprach ich am folgenden Tag Deborahs Mutter auf die Hämatome an. Obwohl ich die Bemerkung in leisem Ton geäußert hatte, platzte Deborah in die Küche und sagte fröhlich: »Ich habe die komische Gewohnheit, mit dem Kopf an die Wand zu schlagen!« Ihre Mutter fand es auch lustig, so dass es anscheinend eine völlig normale Situation war, dass die eheliche Gewalt ihre Spuren hinterließ. Irgendwann fiel meine Beobachtung auf fruchtbaren Boden und Deborah ließ sich scheiden. Ein glänzender Fall von gemeinsamen Unehrlichkeiten, von reinem Wahnsinn, der als ganz normal in den Alltag integriert wird.

Also fangen wir bei uns an, schalten wir den inneren Beobachter ein und lassen ihn mit Abstand den objektiven Zeugen für innen und außen spielen. Es braucht Mut, um festzustellen, wo man zwanghaft ist, wo etwas nicht stimmt. Ich habe vor einigen Jahren mein Leben völlig umgekrempelt und lebe heute nur noch nach meiner inneren Stimme. Sich ehrlich damit zu konfrontieren, wo Denken und Handeln nicht übereinstimmen, räumt auf, verhilft zu mehr Ehrlichkeit sich selbst und anderen gegenüber und macht authentisch. Das ganze Universum unterstützt dich dabei, denn wir leben in der Zeit der Auf-Deckung, wo Verborgenes enthüllt wird.

Wenn wir unsere negativen Emotionen nicht annehmen und ihnen die Macht nehmen bzw. ihre Macht transformieren, sammeln sich diese Energien und können so zur Entstehung von Massengewalt beitragen, sei es im Krieg, im Fußballstadion oder bei Demonstrationen. Wir, die seit bald 70 Jahren keinen Krieg mehr kennen, können uns gelegentlich fragen, wo unsere kollektiven negativen Gefühle, für die wir keine Verantwortung übernehmen, hingelangen. Ein Teil ist bestimmt in unseren Körpern und unserer krankhaften Gesellschaft, wo aber ist der Rest? – Genau da, wo wir alles sauber, duftend, steril und hübsch haben wollen. Genau da wird auch einiges zu finden sein, was aus dem Gleichgewicht geraten ist und sich mit anderen zerstörerischen Energien zusammenfügt, um zu Massenereignissen beizutragen.

Emotionale Unehrlichkeit wird verschärft durch die regelmäßige Einnahme von Alkohol und anderen betäubenden Mitteln inklusive Schmerz- und Schlafmittel. Diese setzen sich in den Zellen fest und verzerren die Information des Nervensystems. Natürlich sind Schmerzmittel da, um Schmerz zu lindern. Aber der Schmerz ist das Rückmeldesystem des Körpers und der Emotionen, ein Alarmsystem, ein Feedback, das ganz deutlich meldet, wo etwas nicht in Ordnung ist. Nehme ich sofort Tabletten ein, unterbreche ich die Kreisschaltung: Etwas stimmt nicht (Alarm) → Nervensystem und andere physiologische und chemische Reaktionen → Signal → Alarm = Schmerz. Ich schalte damit die Signale aus, der Schmerz ist weg, die Botschaft bleibt ungehört, die körperliche und die psychische Reaktion bleibt in den Zellen, das heißt, es entsteht ein gewisser Aufruhr, denn der Alarm wird zwar weitergeschickt, kommt aber nicht an.

Wie fühlst du dich, wenn dein Hilferuf unbeachtet bleibt? Die Gewohnheit, die Körper-Seele-Geist-Botschaft – ich würde lieber die genauere umgekehrte Reihenfolge benutzen: Geist-Seele-Körper-Botschaft – zu ignorieren oder zu verdrängen, verfälscht, betäubt und schaltet das System auf eine umgepolte verzerrte Wahrheit um, wie eine ungenaue Übersetzung, die nicht mit dem Grundtext übereinstimmt. Der undifferenzierte praktisch alltägliche Konsum von legalen und illegalen Substanzen wie Alkohol, Zucker und Zusatzstoffen bildet einen Schleier, der die Unterscheidungsfähigkeit verzerrt, ohne dass der Mensch dies merkt. Die emotionale Unehrlichkeit kann Menschen dazu führen, eine blanke Lüge unverfroren zu erzählen oder Dinge zu behaupten, die durchaus unrealistisch sind und zur Fantasiewelt gehören. Aber auch Wahrheit wird so verzerrt, denn der Mensch kann selbst nicht wirklich unterscheiden, was wahrhaftig und was erfunden ist oder was auf einer konkreten Basis beruht. Der Filter des inneren Beobachters ist durch den Mangel an emotionaler Ehrlichkeit getrübt. Das ist der Mechanismus, der dazu führt, dass Menschen etwas trotz vieler Einwände und Widersprüche stur als eigene Wahrheit behaupten.

Auf alle Fälle ziehen die Gefühle unsere Aufmerksamkeit auf sich, und wir Menschen neigen dazu, in zwei Extreme zu fallen: Entweder vermeiden wir sie, oder wir beschäftigen uns übermäßig viel damit. Ein Gleichgewicht können wir nur erreichen, indem wir ihnen einen geeigneten Stellenwert verleihen. Wir erkennen sie an als Botschaften der Empfindungen, als Ausdruck der Seele, und wir sind bereit, sie in den Alltag mit einzubeziehen und sie auf eine kreative, individuelle Art umzusetzen. So wird unser Leben ein Kunstwerk, denn die Emotionen sind ein Wegweiser auf dem Weg zur Intuition und zum spirituellen Selbst.

5.3 Nur positiv: Was nähre ich?

Wir sind hier, um ein gutes Leben zu führen, das uns erfüllt, das sinnvoll ist, und das den Ausdruck unseres göttlichen Wesens fördert – für uns und alle Lebewesen.

»May all beings be well and happy and ...« – »Mögen alle Wesen wohlauf und glücklich sein und ...«

Solange eine echte Ausrichtung vorhanden ist, ist eine positive Lebenseinstellung unser Ansatz. Problematisch wird die Situation dann, wenn eine Spaltung sichtbar ist, entweder zwischen innen und außen oder zwischen meiner Reaktion und den Tatsachen. Einerseits unterscheide ich zwischen dem tatsächlichen Zustand und der aufgesetzten Fassade. Meine Hellsichtigkeit ermöglicht es mir, manche Behauptungen zu durchschauen, die nicht immer mit der inneren Verfassung der Person übereinstimmen. Manche legen ein übertrieben positives Gehabe nach außen auf. Wenn aber Innen und Außen nicht eins sind, wird gelegentlich eine Verzerrung in der emotionalen Aura sichtbar auf der Ebene des Solarplexus und im Herzchakra und auf Dauer auch im Bereich des Stirnchakras.

Bitte missverstehe mich nicht. Es geht nicht darum, die Umwelt durch Klagen und Jammern zu verschmutzen. Wenn ich Zahnschmerzen habe, wende ich mich an den Zahnarzt und brauche damit nicht meine Familie, meinen Freundeskreis, meine Nachbarschaft zu belasten.

Andererseits ist es inakzeptabel, bei Einschränkung von Freiheit oder wenn Rechte und Würde – nicht nur von Menschen – erniedrigt oder besudelt werden, gleichgültig zu bleiben. ›Gute Miene zum bösen Spiel machen‹ hat nichts Erhebendes, Erhellendes, Optimierendes oder Optimistisches an sich. Sich unter solchen Umständen positiv zu verhalten und ein schales Lächeln aufzusetzen, ist sehr fragwürdig und setzt die eigenen Werte herunter.

Man muss aufpassen, dass dieses ›Eitel-Sonnenschein-Gehabe‹ nicht zu einem Verhalten wird, mit dem man sich selbst ›die Flügel stutzt‹.

Du darfst alles, solange es im Einklang mit deinem wahren Wesen steht, mit deiner Selbstachtung, mit deinem körperlichen, seelischen, geistig-spirituellen Wohlergehen und natürlich mit dem Höchsten Gut. Ist das nicht der Fall, sage: »Stopp, nicht für mich!«

Selbst wenn alle etwas für toll befinden, gehe deinen eigenen Weg, auch wenn du dadurch nicht so positiv erscheint und nicht so angepasst wirkst, bring den Mut dazu auf!

Laut einer Studie der Stanford University (USA) zeigen die meisten Menschen ihre negativen Emotionen wenig im alltäglichen Austausch, weder bei persönlichen Treffen, noch bei virtueller Kommunikation über Facebook, mail oder Ähnlichem. Dort werden bevorzugt positive Gefühle ausgedrückt, was den Eindruck hinterlässt, Freunde und Bekannte seien immer glücklich. Das wiederum fördert die Täuschung, alle seien glücklich, nur ich habe Mühe oder Probleme, erklärt der Psychologe Alexander J. Jorda.

Negative Stimmungen werden eher im privaten Rahmen ausgelebt. Dadurch werden bei anderen die negativen Gefühle unter- und die positiven überschätzt – zumindest bei den jüngeren Mitmenschen. Wichtig und lebensnah wäre es, einzuräumen, dass jeder Mensch unterschiedliche Phasen durchmacht. Sich dessen bewusst sein, fördert mehr Anteilnahme und Mitgefühl, statt dass sich jeder in seinem einsamen Leiden einsperrt.

Agrimony von den Bachblüten ist eine hilfreiche Blüte für Menschen, die in eine Situation geraten sind, in welcher die Kluft sehr groß ist zwischen der energetischen Ausstrahlung – meiner authentischen Schwingung, die ich ins Weltall aussende – und dem Eindruck, der nach außen kultiviert wird. Erstere entspricht meinem wahren emotionalen Zustand, die andere ist meine aufgesetzte Fassade. Häufig ist die Antwort dieser Menschen auf die Frage: »Wie geht es dir?« – »Eigentlich gut.« Eigentlich, aber nicht wirklich. Die deutsche Bezeichnung von Agromony lautet Odermenning. Eigene Sorgen und Probleme werden mit aufgesetzter Fröhlichkeit und überstürzter Aktivität überspielt. Erkennst du dich darin? Odermenning schenkt den dringend nötigen inneren Frieden, fördert die Selbstannahme und lässt dich vertrauensvoller deine nicht wegzuwischenden Probleme angehen. Damit kann man wahrhaftig positiv sein und eins mit sich werden.

»Deine Emotionen sind reine Kraft und Energie, die emotionale Energie, die die Farben und Formen der emotionalen Aura aussendet. Im Universum geht nichts verloren: Negative Energien schwingen mit schweren, gestauten, verzerrten Wellenlängen mit und ziehen ähnliche an.«

»Und positive Schwingungen haben eine Resonanz mit hellen, leichten, erfüllenden, nährenden Vibrationen, die eine Anziehungskraft auf gleiche Wellenlängen ausüben?«

»Richtig. Negative emotionale Frequenzen dienen auch als Boden oder als Nahrung für Egregore oder körperlose Entitäten. Daher gilt die Frage ›Was nähre ich jetzt? Evolution, Energien oder Erkenntnisse, die bewusster und lichter machen, oder Entropie und Involution, die nach unten ziehen, schwer machen und blockieren?‹«

»Wie kann ich dieses Wissen in meinem Leben praktisch umsetzen?«

»Stell dir im Laufe des Tages, irgendwann, nach Lust und Laune die Frage: »Wie fühle ich mich jetzt?« Steckst du in einer Dauerkonfliktsituation, bist du ständig von Neid und Angst geplagt? Da wird Schweres und Disharmonisches genährt. Bist du dagegen entspannt und schaffst dir immer mehr Momente des Gleichgewichts und des Einklangs mit deinem wahren Selbst, dann trägst du bei zu harmonischen und lichtvollen Frequenzen. Das ist wie eine Standortbestimmung. Du weißt Bescheid, was Beobachtung und zu sich selbst ehrlich sein bewirkt, und du bist daran, immer mehr Werkzeuge zu sammeln und deine innere Weisheit zu aktivieren.«

»Soll ich mir auch professionelle Hilfe holen?«

»Auf alle Fälle. Es gibt so viele gute Methoden, aber vergiss nicht, deinen Teil beizutragen. Positive Emotionen machen schön, glücklich und reich, wenn auch nicht auf dem Konto, so doch reich an Erfahrungen im seelischen und geistigen Sinne. Negative Emotionen werden betrachtet, umgewandelt, nach Bedarf als Ansporn oder als Signal zur Veränderung aufgenommen, und dann kannst du sie stehen lassen.«

»Stehen lassen? Ich will aber meine negativen Gefühle bekämpfen. Ich muss an mir arbeiten und mich verbessern.«

»Das kannst du gerne, aber bitte ohne Kampf. Es geht darum, negative Energien nicht zu nähren. Negative Energien lieben Kämpfe. Wende dich den positiven zu, deinen Stärken, deinen evolutiven Kräften. Mach etwas Sinnvolles, was dich nährt!«

»Du meinst, wenn ich mit einer depressiven Stimmung aufwache, soll ich nicht dagegen kämpfen, sondern etwas Sinnvolles tun, wie den Keller aufräumen, mich schön schminken, ein nettes Gespräch führen, ein Tier streicheln, eine Pflanze wässern, mit einem Stein meditieren?«

»Genau! Abends wirst du friedlich und erfüllt einschlafen, schöne Träume haben und am folgenden Tag in einer Stimmung aufwachen, die eine höhere Frequenz hat als die Depression vom vorigen Tag.«

»Darf ich negativen Energien einfach den Rücken zuwenden? Das ist doch Spiritualität für Faule!«

»Das ist Spiritualität für Kluge, die etwas von Energie verstehen. Du kannst dich entweder mit der negativen Situation auseinandersetzen, dann wird es ein interessantes Forschungsobjekt, oder du sagst: ›Nicht für mich, nicht in meiner Welt‹. Du kannst einfach den Saft abdrehen, nicht nähren, was du nicht sein kannst oder haben willst. Das nenne ich ›Verantwortung für die eigene emotionale Kraft übernehmen‹. Das ist Kraft spendender, als gegen negative Energie anzukämpfen! Energien können wir umwandeln, denn Energie, ob positiv oder negativ, ist grundsätzlich Energie.«

5.4 Die Kultur der Angst: Durchschauen und das Pappmonster verschwindet! Mögen alle Wesen wohlauf, glücklich und frei von Angst sein!

Ich möchte gerne ein paar Mechanismen erklären, denn das Verstehen befreit aus den Krallen der Angst. In der Tat gibt es viele Monster, die sich auflösen, wenn man ihnen ins Auge schaut. Zuerst sieht man seinen beängstigenden Schatten und zittert. Verharrt man aber mit dem Blick, entdeckt man, dass dieses Monster nur ›aus Pappe‹ ist. Vieles ist nicht so erschreckend, wenn man die dahinter stehenden Prozesse durchschaut, wenn man erkennt, wie sie funktionieren und welchen Bezug man dazu hat. Dann ist man in der Lage, zu entscheiden, inwiefern man sich davon beeinflussen lassen will.

Angst macht schwach, dumpf, beeinflussbar, abhängig und verwirrt. Angst ist die einzige Emotion, die auf Dauer die Aufnahme des Lichtes, der universellen Energie, abschirmt und verhindert. Die

Verbindung zur Urquelle des Lichtes und der Liebe ist unser wahres Leben. Der Tropfen Wasser, der seine Zugehörigkeit zum Ozean verleugnet, trocknet aus. Die Verbindung zum Großen Ganzen hält uns am Leben und nährt uns auf allen Ebenen. Durch den Atem kannst du diese Verbindung jederzeit und überall aktivieren: Atme die verbrauchte, belastete Luft aus, gib sie an das Universum ab, und nimm mit dem nächsten Atemzug die Kraft der Quelle auf. Atme das Verängstigte in dir aus und das Göttliche ein. Ohne Kosten, Tag und Nacht, ohne Zuschlag. Du atmest sowieso 24 Stunden am Tag ganz automatisch, dann kannst du auch, wenn du es möchtest, gleich ein wenig Bewusstsein in den heiligen Rhythmus des Ein- und Ausatmens legen. Mit jedem Atemzug erinnerst du dich an deine Anbindung zu der Einen Kraft.

Es gibt immer etwas, das die Ängste schürt: eine Krise, eine Epidemie, eine Katastrophe, ein gemeinsamer Feind, Knappheit, Armut, Krieg. In Europa ist der Zustand eher latent als akut. Wir haben keine dramatischen Kriege, aber immer wieder Gelegenheiten, um die alten Konditionierungen zu beleben. In unserem Zellgedächtnis haben wir alle Erinnerungen an diese kollektiven Schockerlebnisse gespeichert, sei es durch unsere Ahnen oder unsere früheren Inkarnationen, und wir springen sofort auf die Berichte der Medien an. Die Grundprogrammierungen der Menschheit, Hilflosigkeit und Ohnmacht, werden re-aktiviert und manch einer leckt sich die Finger. Aber nicht mit meiner Angst –, denn ich filtriere und entscheide, womit ich mit meinen Emotionen in Resonanz trete und womit nicht!

Lachen, Singen, Summen verjagt die Angst. Nein, das ist falsch ausgedrückt: Sie füllen den Raum mit engelhaften Bildern und Tönen, so dass kein Platz mehr bleibt für Unerwünschtes. Wer nicht so gut singen kann, der summt irgendeinen Ohrwurm oder einen beliebigen Ton. Mit der Zeit reguliert das Summen die Atmung, die Melodie wird vielleicht ein wenig harmonischer oder auch nicht, aber man hat Freude daran. Man fühlt sich leichter und manche Schmerzen werden gelindert oder verschwinden sogar, man wird entspannter und ein wohliges Gefühl breitet sich aus. Das Summen wirkt Wunder. Versuche es.

Manche Angstmacherei ist so schlecht inszeniert, dass sie von vorne herein entweder lächerlich, durchschaubar oder glatt un-

glaubwürdig ist. Schaff dir deine eigene Sicherheit, denn sie ist die einzig
wahre. Wasche die Angst weg unter der Dusche oder setz dich in Bewegung. Geh laufen, joggen, springen oder auch nur spazieren. Schüttle sie aus dem Körper heraus und tanze! Und vor allem, überbewerte deine Angst nicht. Sie wird nicht die schlimmsten Unwesen der Galaxie anziehen – und wenn, dann werden sie ihre Pappmasken extra für dich aufsetzen!

5.5 Deine Imagination und deine Finger als wunderbare Werkzeuge

»Um eine in der Aura gestaute, emotionale Ladung aufzulösen und zurück zur universellen Energie zu schicken, kannst du deine Imagination verwenden und zusätzlich deine Finger und Hände einsetzen.«

»Wie soll das gehen? Imagination und Finger? Ich kann mir darunter nichts Konkretes vorstellen.«

»Wähle bitte ein Gefühl, das dich in deinem Leben belastet.«

»Mein Partner geht mir auf die Nerven.«

»Wie würdest du deine Emotion benennen, die dadurch ausgelöst wird?«

»Reizbarkeit, Nervosität. Soll ich dir erklären, warum?«

»Der Zusammenhang bringt wenig Einsicht. Die Reizbarkeit ist deine momentane Reaktion, und damit können wir sinnvoll arbeiten. Wir erzielen eine unmittelbare Erleichterung des Zustandes durch die energetische Umwandlung von negativen oder gestauten Schwingungen.«

»Gut, danke.«

»Die Emotion, die Energie, die wir umwandeln wollen, ist also die Reizbarkeit. Wo sitzt sie, wo ist die Emotion in deinem physischen Körper lokalisiert? Wo spürst du die Reizbarkeit?«

»Ganz spontan würde ich sagen in der rechten Bauchgegend.«

»Lockere diese Reizbarkeit-Energie jetzt mit deinen Fingern, so als ob du das Kompakte entzerren und in eine flaumigere Masse in deiner Aura vor der Bauchgegend verwandeln würdest.«

»Ich kann sogar so etwas wie Fasern spüren. Nein, ich kann sie nicht wirklich fühlen, sondern ich bekomme eine Art Einblick in diese Reizbarkeit-Energie. Es ist, als ob ich mir vorstellen könnte, dass ich in diese emotionale Masse in der rechten Bauchgegend eintauchen und ihre Beschaffenheit erkennen würde. «

»Gerade darum geht es! Dass du dich mit der Kraft deines Bewusstseins und deiner Imagination in die Qualität der emotionalen Energie hineinversetzt und dich in die Aura vor dem Bauchbereich hineinfühlst. «

»Ja, das gelingt mir gut. Ich kann die Veränderung verfolgen. Die Fasern werden weniger faserig und neigen dazu, sich zu verflüssigen.«

»Ich gratuliere! Vom Kompakten zu Flüssigerem. Der blockierte Zustand kommt jetzt buchstäblich unter deinen Fingern in Bewegung.«

»Wenn ich genauer hinfühle, bemerke ich zwar die flüssig werdenden Ränder, aber das Innere, der Kern sozusagen, bleibt ziemlich hart und kompakt. Kann das sein?«

»Vertraue deiner Wahrnehmung. Es ist so, wie deine Imagination es dir zeigt. Gerne kannst du den Lockerungseffekt weiter mit den Fingern ausüben. Du kannst auch mit einer drehenden Bewegung in den Kern der Reizbarkeit-Energie eindringen.«

»Nach links oder nach rechts drehend? Eine Linksdrehung ist doch negativ, oder?«

»Eine geometrische Form oder eine Bewegung in die eine oder die entgegengesetzte Richtung ist in sich weder positiv oder negativ, noch gut oder schlecht. Deine Finger werden sich in der für dich passenden Richtung bewegen, da du eine Lockerung bewirken willst.«

»Sonst würde ich wohl merken, dass die Bewegung nicht geeignet ist und würde intuitiv die richtige Handbewegung machen. – Langsam wird es besser, aber das Zentrum ist noch relativ kompakt.«

»Wir sind zufrieden und dankbar für die wesentliche Veränderung, die so leicht und so schnell stattgefunden hat. Wir streben nie sofort danach, alles aufzulösen. Einerseits wäre es unrealistisch, denn die nervöse emotionale Masse hat sich auch nicht über Nacht, sondern über einen gewissen Zeitraum gebildet. Sie widerspiegelt wiederholte Situationen, in denen du gereizt reagiert hast. Andererseits würde es uns gleich unter Druck setzen und so einen Gegendruck oder einen Widerstand hervorrufen, wenn wir sofort eine unmittelbare und vollständige Auflösung der Blockade anstreben. Die Arbeit mit der gestauten Energie verlangt, dass wir uns ihrem Rhythmus, ihrer natürlichen Veränderung anpassen. Wie und auf welchem Weg sich die Blockade löst, erfährst du durch deine Imagination und das Gefühl in deinen Fingern.«

»Ich nehme es tatsächlich deutlich wahr. Wie führe ich nun die Arbeit mit diesen sich verflüssigenden Fasern der Ränder fort?«

»Mit deinen Fingern kannst du sie sorgfältig auseinanderziehen und die Atome dann in die Luft zerstreuen, bis sie in das ursprüngliche Licht gelangen und dort wieder aufgenommen werden.«

»Ja, ich spüre, dass sich der Großteil der Nervosität gelöst hat. Ein kleiner Kern, nicht mehr so kompakt, bleibt übrig.«

»Vorläufig lassen wir ihn sein, denn wir wissen, dass das Geheimnis dieser Energieumwandlung in einer Schritt-für-Schritt-Methode liegt. Setz deine Arbeit an dem Kern morgen fort. Jetzt wollen wir die durchgeführten Veränderungen in die rechte Bauchgegend integrieren. Dazu verwendest du weiterhin deine Finger und deine Vorstellungskraft, um die energetische Reaktion dieses Körperteils zu beobachten.

»Ich habe den Eindruck, ich kann leichter durchatmen. Meine Finger wollen eigentlich den ganzen Bauch glätten und ruhig streicheln.«

»Das war eine erfolgreiche Übung. Nutze sie, wo immer du eine Blockade spürst. Wie gesagt, es ist sinnvoll, mehrmals, nach und nach, Schritt für Schritt die gestaute Energie zu bearbeiten.«

»Jetzt habe ich ein Problem! Wie kann ich eine Blockade im Nacken oder irgendwo am Rücken lösen? Die Haltung ist umständlich und wird bestimmt zu einer Verschlechterung der Verspannung führen.«

»Auch dafür haben wir eine Lösung. Bevor du anfängst die gestaute emotionale Ladung mit deinen Fingern zu bearbeiten, stellst du dir vor, dass ein Abbild von dir vor dir steht oder sitzt.«

»Ich stelle mir also vor, es gäbe eine zweite Version von mir: Die physische Version löst die Blockade und die andere empfängt die wohltuende Arbeit. Ist es das, was du meinst?«

»Exakt. Versetze dich in diese Situation und imaginiere, wie du dein eigenes Abbild behandelst.«

»Am Rücken?«

»Gerne, aber auch überall in der Aura, wo du Erleichterung benötigst.«

»Nur mit meiner Imagination und meinen Fingern?«

»Ganz genauso, wie wir die Übung zuvor durchgeführt haben.«

»Faszinierend. Ich führe eine energetische Massage durch und spüre gleichzeitig eine Harmonisierung. Ich finde diese Methode sogar leichter als am eigenen Körper bzw. in der Aura vor dem Körper.«

»Wenn du dir das Abbild von dir vergegenwärtigst und daran arbeitest, hast du mehr Abstand, was dir wiederum eine gelassenere Beobachtung ermöglicht.«

»Und das Abbild von mir weiß, dass es mein Abbild ist?«

»Das bestätigt dir am besten deine unmittelbare Empfindung.«

»In der Tat ist die Entspannung deutlich zu spüren. Ein wahres Wunder.«

»Das ist das wahre Wunder deiner kosmischen Energien. Noch ein Tipp: Bleib einfach und folge der Energie, ohne sie zu beurteilen. Diese Übung gilt natürlich für alle Emotionen, denn sie bestehen alle aus Energie.«

5.6 Ein wenig Theorie: Wissen macht bewusst

Kleiner als der Ätherkörper befindet sich der Emotionalkörper auch innerhalb des physischen Körpers. Er ist der Sitz allen Verlangens, aller Emotionen und Gefühle, und seine Aufgabe besteht darin, diese entsprechend ihrer Frequenz einzuordnen: zum einen grobe, gestaute Gefühle, zum anderen feine und edle Empfindungen. Es empfiehlt sich, blockierende Emotionen umzuwandeln, sonst werden sie als astrale Verschmutzung gelagert.

Der Emotionalkörper wird im Alter von 7 bis 14 Jahren gebildet, in einer Phase, in der eine ganze Palette von Emotionen durchlebt wird. Während der Entwicklungsphase des Emotionalkörpers sollte der junge Mensch in einer positiven Umgebung von feinen, differenzierten Empfindungen umhüllt sein.

Das Erleben von Feingefühl, von edlen und gesunden Emotionen nährt den Emotionalkörper auf harmonische, friedvolle Weise und trägt zu seelischem Wohlbefinden bei.

Ein Mensch, der auf Dauer nicht in Übereinstimmung mit seinen Gedanken, seinen Werten und seinen Glaubenssätzen lebt und handelt (z. B. innerhalb einer Partnerschaft oder einer beruflichen Situation) wird eine emotionale Fragilität aufweisen. Manchmal meinen übertrieben verletzliche Personen oder solche, die sich zu sehr mit ihren emotionalen Prozessen beschäftigen, sehr spirituell zu sein. Das ist eine Täuschung. Ist der Einklang zwischen Handeln und Denken wieder hergestellt, wird die Überempfindlichkeit einer natürlichen, gesunden Fröhlichkeit und einer intuitiven Fähigkeit des Erfühlens Platz machen.

Das Einfühlungsvermögen und die direkte Verbindung zum inneren Gespür dienen uns als zuverlässige Begleiter auf dem Weg des Lebens. Sie werden ›Bauchgefühl‹, ›Fühlen-Denken‹, ›Sprache des Herzens‹, aber auch ›weibliche Intuition‹ genannt. Wer sich darauf versteht, auf sie zu hören, sie zu achten, in sie hineinzufühlen und Vertrauen in ihre Botschaft zu entwickeln, dem liefern sie stets eine weise innere Führung in Form von Gefühlen. Ihre Botschaft ist unmittelbar und markant. Allerdings kann ihre Deutung auch eine gewisse Herausforderung darstellen, vor allem wenn wir durch das Unbedingt-Wollen in das Gegenteil, das Nicht-Loslassen-Können, getrieben werden. Indem wir diese innere Reise unternehmen und unsere eigenen kosmischen Energien entdecken, werden wir unsere innere Stimme immer besser auch als emotionale Sprache vernehmen.

5.7 Emotionale Telepathie: Meine Liebe zu Kaninchen

Katzen, Hunde, Pferde, Kaninchen – Haustiere im Allgemeinen – besitzen eine ätherische und eine emotionale Aura, sowie eine mentale Aura, die sich erst im Entwicklungsprozess befindet.

Ich habe einen speziellen Zugang zu Kaninchen. Im Gegensatz zu Hunden und Katzen verfügen Kaninchen nicht über eine für uns Menschen leichte und klare Kommunikationsweise. Deshalb stelle ich mich auf einen feinfühligen Empfangsmodus ein, um ihre zarten Zeichen zu deuten. Es gibt verschiedene Arten von Kaninchen und wie bei allen Wesensarten gibt es auch unter ihnen solche, die in ihrer seelischen Entwicklung weiter vorangeschritten sind als andere. Das sind diejenigen Tiere, die nicht flüchten, die weniger ängstlich sind und unmittelbar wissen, mit welchen Menschen sie es zu tun haben. Ich sehe, wie ihre Emotionalaura sich ausdehnt und sozusagen an meine anstupst, und ich spüre gleichzeitig, wie das Kaninchen meine Aufmerksamkeit auf sich zieht, zuerst mit einer zurückhaltenden freundlichen Wärme, dann mit einem echten Liebesfluss, sobald das Tier merkt, dass ich seine Annäherungen wahrnehme und die Liebe erwidere. Aus Achtsamkeit stelle ich noch die Frage »Darf ich dich streicheln?« – telepathisch natürlich. Die Zustimmung kommt sofort. Das Kaninchen bewegt seinen kleinen Kopf fast kaum wahrnehmbar nach unten. Jetzt habe ich die Erlaubnis. Dann beginne ich mit der Liebkosung. Ich streichle das Tier und weiß genau, was es gerade mag und was es spürt. Gleichzeitig erkundet das Tier meine gefühlsmäßige Stimmung. Wir wissen genau, wie der andere sich fühlt, und unsere emotionalen Körper spielen eine zarte Liebesmusik. Ab und zu erzählen sie mir von ihrem Leben oder von ihrem Grundcharakter. Eine wortlose Begegnung von zwei Lebewesen, die die Seele nährt in einer Dimension der Zeitlosigkeit und der allumfassenden Liebe. Beim nächsten Besuch wird mich das Tier gleich wieder mit seiner emotionalen Telepathie umhüllen und zum Schmusen einladen. Es sind Augenblicke des wortlosen Glückes – eine gefühlsmäßige Kommunikation, die mich an das All-Eins-Sein aller Wesen erinnert und an die einzigartige universelle Sprache der Zuneigung.

6 Deine Gedanken – Die Welt des Mentalkörpers

6.1 Wie frei sind deine Gedanken? Denkmuster, wiederkehrende Gedanken und Stereotypen

Weiter auf unserer Reise gelangen wir nun zur nächsten Ebene, auf die der mentalen Aura. Sie beinhaltet all unsere Denkprozesse, unsere mentalen und intellektuellen Strukturen und unsere höheren kognitiven Fähigkeiten.

Wie frei sind deine Gedanken? Eine provozierende Frage, die dich anregen soll zu beobachten, was und wie du denkst. Den Inhalt und den Vorgang des eigenen Denkens genau zu betrachten, ist ein faszinierendes Spiel. Der Augenblick, in dem die Reflektion sich hinauslehnt und nachdenkt, ist reich an Einsichten, denn alle Mechanismen und Zusammenhänge, die unsere Wahrnehmungen und Erlebnisse prägen, werden dadurch aufgedeckt. Unsere Gedankenwelt färbt und beeinflusst unsere Emotionen, unsere Empfindungen, unser Verhalten, unsere Handlungen und zieht wiederum Menschen, Situationen, Ereignisse und Umgebungen an, denen wir im Alltag begegnen und die ›unsere Geschichte‹ bilden. Gelegentlich scheinen Gefühle überwältigend und unbeherrschbar zu sein, sie machen uns zu schaffen und lassen uns fälschlicherweise glauben, dass sie und nur sie alleine uns antreiben. Die Emotion ist die Bewegung, die aus der Begegnung des Denkens mit dem Fühlen entsteht. Die Idee – bewusst oder unbewusst – ist immer der Ursprung, die Impuls gebende Kraft, auch in Fällen, in denen die Gedankeninhalte uns nicht bewusst sind. »Alles, was wir in unserer Welt sehen ist die Folge unserer Auffassung darüber«.[9]

Unser Alltag ist geprägt von Glaubenssätzen, die wir zum Teil schon lange unbewusst mit uns herumtragen, von Überzeugungen, die wir von unseren Ahnen und Eltern geerbt haben, politische, religiöse, soziale Ausrichtungen und Meinungen, die unsere Gewohnheiten unreflektiert steuern, mentale Schemata, die unsere Reaktionen automatisch lenken. Schulische, erziehungsbezogene, kulturelle Indoktrinationsmuster begleiten uns – meist unbewusst – durch das Leben bis zu dem Tag, an dem wir uns unserer Konditio-

---

[9] Original von Neal Donald Walsch: »All you see in *your* world is the outcome of *your* idea about it.«

nierungen allmählich oder schlagartig bewusst werden, weil scheinbar unbegründete, willkürliche Reaktionen oder irrationale Ängste Alarm schlagen. Diese Störfaktoren können der Ausdruck sein von tief in unserem Bewusstsein begrabenen einengenden Glaubenssätzen oder durch Traumata erstarrte Denkmuster, die unbemerkt ihr Unwesen in unserem Unterbewusstsein treiben. Heißen wir sie willkommen, wenn sie ihr Gesicht unserem Bewusstsein zeigen, um wahrgenommen und durchschaut zu werden. Auch wenn das Auftauchen der mentalen Fesseln anstrengend sein kann, öffnet es auch neue Horizonte und bringt eine Zufuhr an Lebenskraft und Lebensfreude mit sich, denn mentaler Stau behindert die volle vitale Kraft und Lebendigkeit.

In der Tat wird die gedankliche Ebene, wenn sie nicht im Fluss ist, ihre beeinträchtigte Strömung auf die Gefühlsebene im Emotionalkörper – auf die ätherische und energetische Ebene – übertragen, bis die Abweichung sich auch im physischen Körper manifestiert. Aus dieser Perspektive wird deutlich, dass eine Störung selten von heute auf morgen entsteht, es ist vielmehr so, dass wir die Vorboten des Unbehagens längere Zeit übersehen, verdrängt, ignoriert oder überdeckt haben. Dieses Erklärungsmodell bestätigt die Philosophie der Psychosomatik und dringt auf wesentlich tiefere und gründlichere Weise in die Quelle der Ursachen physischer Dimensionen ein. So betrachtet liegen die Wurzeln des Unbehagens ›stromaufwärts‹ in den feinstofflichen Dimensionen des Wesens, sind also spiritueller, mentaler, emotionaler, ätherischer, energetischer Art, bevor sie sich im grobstofflichen Körper und auf der physischen, materiellen Ebene festsetzen. Findet der Energiefluss seine lebendigen Wirbel und Strudel wieder, dann kommt auch die gesamte Lebenskraft erneut in Bewegung und drückt sich durch Lebensfluss, Lebensfreude, Widerstandskraft, Aktivität, also Gesundheit auf allen Ebenen aus. Für uns ist alles sozusagen im tiefsten Sinne des Wortes psychosomatisch. Der Mensch ist an und für sich eine von verschiedenen Ebenen des Seins umgebene Seele.

Kehren wir zurück zur Gedankenwelt, die nicht nur unser Wohlbefinden lenkt, sondern auch die Wirklichkeit, in der wir uns bewegen. Mit klarer Absicht habe ich unterschiedliche Begriffe wie politische und philosophische Überzeugungen, religiöse Erziehung und unbewusste Impulse aus der Kindheit gebündelt. Wie kann man sich so einen Unfug erlauben? Sie alle bilden zusammen die allgemeine Realität, den Konsens von menschlichen Vorstellungen, Überlegungen und gedanklicher Ausrichtung. Alles Gedachte überlappt sich und fließt ineinander, um die sogenannte Wirklichkeit zu bilden. Da ist diejenige Vorstellung, die das ›Gang und Gäbe‹ als real annimmt. Stehen wir ganz dicht vor einer großen Leinwand, sehen wir nur einen kleinen Ausschnitt des projizierten Bildes. Treten wir einige Schritte zurück und betrachten das Bild mit etwas Abstand, vergrößert sich der Blickwinkel, die Perspektive variiert und wird flexibler. Wir nehmen mehr wahr. So wird sich auch die Realität unseres eigenen Lebens erweitern. Unser Denkapparat, in seiner Gesamtheit als überbewusster, bewusster, unbewusster und unterbewusster Realitätsgestalter, erschafft ständig Realitätsschichten, innere sowie äußere, die wir ›mein Leben‹ und ›das Leben‹ nennen. Wie sich Ideen als formgebend entpuppen, werden wir später entdecken. Unser Augenmerk ist jetzt die Spannbreite oder die Einengung unserer Gedankenwelt.

Die meisten Menschen übernehmen die Weltanschauung ihrer Eltern, ihrer Verwandtschaft, ihrer unmittelbaren Umgebung und lassen diese unwillkürlich ihr eigenes Leben steuern. Eine andere mentale Anpassung an das gedankliche Klima widerspiegelt Marias Antwort, als wir uns über die unermessliche alles durchdringende universelle Kraft unterhalten: »Peter, mein Mann, sagt, dass es Gott nicht gibt.« Somit war unser metaphysischer Höhenflug abgeschlossen, und wir landeten auf dem festen Boden der Tatsache: Maria glaubt an Peter, Peter glaubt nicht an Gott, deshalb glaubt auch Maria nicht an Gott. Die Bereitschaft, sich mit der eigenen Auffassung des Göttlichen oder der Urkraft auseinanderzusetzen, ist nicht vorhanden. Maria versäumt dadurch, sich eine eigene Meinung über religiöse, spirituelle oder metaphysische Dimensionen zu bilden. Sie übernimmt uneingeschränkt die Meinung ihres Mannes. Vielleicht neigt sie auch dazu, seine intellektuellen, politischen und sozialen Standpunkte ohne Einwand zu übernehmen. Es ist Marias Recht, aber man kann dabei kaum von ›freien Gedanken‹ sprechen.

Jetzt nähern wir uns einem riesigen Bereich, der die Gedankenwelt der Menschen auf unermessliche Weise manipuliert, nämlich Wer-

bung, Filmindustrie, Medien, harmlos aussehende Seifenopern, unausgesprochener Gruppendruck. Sie alle beeinflussen ganz subtil die Denk-, Fühl- und Verhaltensweisen. Fast ungefiltert werden ›Wahrheiten‹, Zu- und Abneigungen, allgemein gültige Ansichten auf eine stereotype Weise übernommen, die sich im Verhalten der Menschen zeigen und alles, bis hin zur Intimsphäre durchdringen. Sie tragen alle eine einzige Botschaft: »So hat man sich zu verhalten.« Das ist die moderne Version von: »Es gehört sich nicht.« Sie ist zwar positiv formuliert, aber beide Floskeln drücken grundsätzlich dieselbe Benimm-Kontrolle aus und sind zwei Seiten derselben Münze. Die Botschaft schränkt die freie Schöpferkraft ein und erzielt eine sorgfältige Formatierung, die an Prokrustes Bett erinnert. Prokrust ist ein verruchter Dieb im antiken Griechenland, der seine Gefangenen gleich groß macht, damit sie alle in ein großes Bett hineinpassen: Die Kleinen werden verlängert, die Großen verkürzt. Hauptsache, alle sind einheitlich konform und nichts ragt hervor.
Auch heute noch lassen sich Menschen in ein Format pressen, bis ihre Seele verstummt. Unsere Gruppenidentität, also das Menschen-Zugehörigkeitsgefühl zu der Gruppe, mit der wir uns am meisten identifizieren, zwingt uns deren Ansicht auf: Was muss ich zu welchem Thema glauben oder denken.

Unsere Zugehörigkeit beeinflusst wesentlich unsere Meinung und unser Verhalten. Ausnahmen von der Regel gibt es, erfreulicherweise. Aber normalerweise wird pauschales Denken die Gruppenerscheinung definieren, und dann lassen die Menschen die Gruppenidentität für sich denken. In esoterisch-spirituellen Kreisen zirkulieren Sprüche, die fast gebetsmühlenartig wiederholt werden. Auch wenn sie einen Kern an Wahrheit enthalten, werden sie hin und wieder aus dem Kontext heraus genommen und undefiniert verwendet.

Mitunter höre ich: »Ich muss mich ändern!« Das nenne ich Anpassungsstrategie oder Unterwürfigkeitspsychologie. Eine kreative Variante wäre: »Ich entwickle mich im Einklang mit meiner Seele und werde, wer ich wirklich bin.« Ein anderer Spruch lautet: »Du darfst keine Erwartungen haben!« Oh doch! Ich wünsche dir die höchsten, schönsten, liebsten, edelsten und wahrhaftigsten Erwartungen, die dein Geist und dein Herz produzieren können, und scheue dich nicht davor, das Beste zu erwarten. Sei aber niemandem böse, wenn er deine Erwartungen nicht erfüllen kann. Mach dir auch selbst keine Vorwürfe, weil du deine eigenen Erwartungen nicht immer wirst erfüllen können. Erwartungen allein reichen nicht aus. Sie müssen durch klares Denken, Unterscheidungsfähigkeit und Menschenkenntnis untermauert sein. Die Kraft der Absicht steuert die gedankliche Kraft und deren Ausführung im Alltag.

Maßstäbe und Anhaltspunkte schenken uns Halt und Sicherheit und sind richtungsweisend. Sie verleihen uns eine Ausrichtung und ein Fundament für ein integriertes Dasein innerhalb der Gemeinschaft, in der wir leben und innerhalb unserer Zugehörigkeit zur Menschheit. Kein Mensch ist je komplett davon befreit, es wäre auch keineswegs erstrebenswert. Aber das Herdentriebdenken verpasst einem Scheuklappen, falls man nicht wachsam ist. Wenn die Tradition und die Trends sich als einschränkend erweisen und sich der Entwicklung widersetzen, können wir sie wie einen alten Mantel am Ende des Winters ablegen. Seltsamerweise üben Trend und Tradition, obwohl sie in gegensätzliche Richtungen blicken, die eine in die Zukunft, die andere in die Vergangenheit, beide einengenden Einfluss des Konformismus aus. Eine besonders unkreative und betäubende Konstellation bilden sie gemeinsam, wenn negative Elemente aus der Vergangenheit mit einer falschen Logik in die Zukunft projiziert werden. Die Welt der Wirtschaft brüstet sich gerne mit steil nach unten stürzenden Kurven, um zu belegen, dass alle Misserfolge der letzten zehn Jahre sich auf unabdingbare Weise in den nächsten zwanzig Jahren fortpflanzen werden.

Die personenbezogene Version von einschränkenden Sätzen lautet: »Ich war dafür nie begabt, mit dem Alter werde ich umso mehr Mühe damit haben.« Die Einstellungen: »Was war, wird auch in der Zukunft so sein!« oder anders gesagt: «Es ist immer so!« sind eine sehr verarmende und hoffnungslose Perspektive, die mich zum Aufstand treibt. Wenn ich intelligent genug bin, um eine Verschlechterung zu beobachten, dürfte ich auch meine Geisteskraft dazu verwenden, um etwas daraus zu lernen, um Einsichten zu gewinnen und etwas im Hier und Jetzt zu verändern, so dass die Zukunft positiv gestaltet werden kann. Einwenden möchte ich auch noch, dass es mit der Kraft des gegenwärtigen Bewusstseins in unserer Verantwortung liegt, die Zukunft anders zu gestalten als die Vergangenheit.

Rütteln wir an diesen alten Gefängnisgittern und rennen wir unbefangen auf die grüne sonnige Wiese. Nur befreite Gedanken können Neues erschaffen, sonst bleiben wir im Determinismus und in den engen Bahnen der Genetik gefangen. Ist es nicht bedeutsam, dass die Epigenetik beweisen konnte, dass es Zellerinnerung gibt und dass sich diese wieder aktivieren lässt?

Nein, ich brauche nicht diese eine Krankheit zu entwickeln, nur weil meine Großmutter daran gestorben ist! Leider ist diese Denkweise: »Es war so, es wird so bleiben!« tief in den mentalen Strukturen vorhanden, wie eine Rille in einer alten Schallplatte; es ist fast so, als wären die Leute stolz darauf, eine solche Erklärung parat zu haben. Sie ist aber verstaubt und wirkt wie eine Prägung, eine Überzeugung, die auf die Zukunft projiziert wird, diese programmiert und Schaden anrichtet. Nein, die Gedanken sind nicht frei, wenn sie unachtsam und automatisch nachgeplappert werden. Die alte Leier von Oma hat einen hohen emotionalen Wert, aber wir waschen heutzutage ja auch nicht mehr die Wäsche, wie Oma es einst tat, und Opas altes Auto haben wir auch längst ersetzt. Neue Gedanken können wir nicht kaufen, wir ziehen sie aus der Dimension der mentalen Welt an, wenn wir bereit sind, das Leben mit neuen Augen zu bewundern. Lösungen können nur aus einem Umdenken entstehen, aus der Bereitschaft, eine andere Perspektive einzunehmen. Umdenken heißt, neue Wege betreten, anstatt auf alten Pfaden zu stampfen. Wenn ich höre, dass Experten die Wirtschaft und den Konsum immer weiter ankurbeln wollen, mit unästhetischen, energetisch disharmonischen Betonklötzen die Natur verbauen, die Kluft zwischen Arm und Reich vertiefen und immer noch mehr Zwänge und unmenschlichen Perfektionswahn in den Alltag einbringen, bis das zum Burnout der Mitarbeiter führt, klingt dies in meinen Ohren nach sklerotischem Auffassungsvermögen. Stur geht es mit Scheuklappen immer in dieselbe Richtung, immer weiter auf demselben, problemreichen, selbst-zerstörenden Weg. Die Lösungen können unmöglich in der Beschleunigung des Problems liegen!

Eine vergleichbare Situation beobachten wir bei kranken Menschen, die immer noch mehr Medikamente schlucken und sich noch mehreren Untersuchungen unterziehen müssen, anstatt erst einmal den Organismus zu beruhigen und zu bereinigen. Man braucht kein

Experte zu sein, um nachvollziehen zu können, dass ein ›zu viel‹ von einem ›weniger‹ gefolgt werden muss, um einen Prozess einzuleiten, bei dem Ruhe, Entgiftung und Ausgleich wieder hergestellt werden. Das ist eine elementare universelle Gesetzmäßigkeit: Gleichgewicht.

Zum Umdenken gehört auch das ökologische Gedankengut, das unter anderem die zusammenhängende Interdependenz der Spezies und der unterschiedlichen Naturreiche hervorhebt. Alle brauchen einander, um eine ausgewogene Ganzheit zu bilden, wobei die Gleichwertigkeit der Wesen und deren Entwicklung das Bindeglied dieser Philosophie bildet. Dieses Konzept der Gleichwertigkeit übertrage ich gerne in den Bereich der menschlichen Rollen. Lange Zeit war das Überlegenheitsdenken vorrangig, bis wir einsahen, dass solche Paarbegriffe wie ›Lehrer - Schüler‹, ›Eltern - Kind‹, ›Arzt - Patient‹, ›Arbeitgeber - Arbeitnehmer‹ energetische Einheiten sind, die einander brauchen und sich ergänzen. Leute ohne Kinder sind per Definition keine Elternteile, der beste Lehrer der Welt nützt niemandem, wenn er keinen Schüler hat, dem er sein Wissen weitergibt, und dasselbe gilt für den Therapeuten, der ohne Patienten seine Heilfähigkeiten nicht ausüben kann. Auch der Patient ist ohne Therapeuten arm dran und allein gelassen mit seinen Beschwerden. Jeder lernt mit und durch den anderen: Eltern lernen von Kindern, der Arzt wird mit jedem Patienten ein besserer Heiler, der Lehrer lernt auch vom Schüler – keiner steht über dem anderen. Hier gibt es keinen Platz für Konkurrenzdenken, hier geht es um das Gemeinsame und um das Miteinander.

Wir wollen ein grundsätzliches Konzept ansprechen, das die menschliche Orientierung seit der Antike prägt, nämlich die Tendenz, unter allen Umständen einen Sündenbock haben zu müssen oder das Bedürfnis, stets einen Feind zu bekämpfen. Warum ist dieses Thema ›Feind – Kampf‹ so weit verbreitet? Dieser Einbildung, es gäbe immer etwas zu bekämpfen, wollen wir nachgehen. Kampf dem Klima, dem Krebs, dem Aids, der Andersartigkeit und natürlich dem Feind Nr. 1, der ab und zu seine Maske wechselt. Das Muster ist und bleibt stets gleich: gegen den anderen, anstatt gemeinsam oder füreinander. George Orwell bringt es treffend auf den Punkt in seinem Roman ›1984‹: »*Der augenblickliche Feind repräsentiert stets die Inkarnation des Bösen und daraus folgte, dass jede Übereinkunft mit ihm, ob in der Vergangenheit oder in der Zukunft, ausgeschlossen war.«* Dieser Roman, geschrieben 1948, galt im Erscheinungsjahr 1949 als Science Fiction. Heute ist er immer noch dazu geeignet, um kritisch auf Missstände in der aktuellen Gesellschaft hinzuweisen.

Freund, kämpfe nicht, sondern entdecke das Verbindende zu allen Wesen, das Kraft und Freude auf allen Ebenen spendet. Es ist stets dasselbe: Immer ist es die lebendige Kraft der Liebe, der Anerkennung, des Respekts, der Achtung und der Ehrfurcht, die alles durchdringt und ihren Weg zum Ausdruck zu bringen sucht. Der gemeinsame Nenner verleiht den Zugang sowohl zu dir selbst, als auch zum Gegenüber – egal ob Mensch, Tier, Pflanze, Mineralien, Engelreich oder Sterngeschwister. Das Gemeinsame hervorzuheben vereinfacht, verbindet und baut Brücken. Wo keine tiefere Verbindung hergestellt werden kann, wird es einem das einheitliche Grundverständnis ermöglichen, das Gegenüber so sein zu lassen, wie es ist. Nennt man das Toleranz, Versöhnung, Respekt?

Zu einfach scheint es dir? Wenn es dir so erscheint, wird es auch leicht sein, neue Prinzipien in dein Leben einzubauen und diese Einfachheit im Alltag in kleine wohltuende und das Herz öffnende Schritte umzusetzen und zu praktizieren. So findet die wahre, tiefe Veränderung statt, die Yin-Evolution, vom Einzelnen ausgehend, von unten nach oben steigend, ohne Führer, Guru, Leader oder sonstigen glücklich machenden oder um Befreiung kämpfenden Einsatz, sondern lediglich aus der Einsicht, aus der inneren Entfaltung, aus dem Samen des Erwachens und der Zuversicht heraus, dass es anders gehen kann auf Erden.

Es ist Zeit für dich, deine Unterscheidungsfähigkeit zu schärfen und alles, was du siehst, hörst, liest, irgendwie erfährst oder erlebst, differenziert durchzufiltern. Trau dich zu hinterfragen, stelle unbequeme Fragen, entwickle deine eigenen Ansichten, auch wenn du kein Experte oder kein Spezialist bist. Du bist ausgestattet mit Intelligenz, Intuition und der Bereitschaft zu lernen, dich zu informieren und dein Bewusstsein zu erweitern. Du hast die Gabe zu definieren, womit du in Resonanz oder Gleichklang stehst. Mach Gebrauch davon und übe gesunde Kritik. Dogmen und Postulate sind keine Wahrheiten, gelten aber als solche durch die allgemeine Inkoherenz.

Bisweilen scheint es mir, dass wir en masse unsere Denkfähigkeit einschlafen lassen. Machen wir auf unserer Reise doch einen kleinen Umweg in die Welt der Ungereimtheiten:

- Auch wenn Allergien verbreitet sind, können wir sie niemals als ›normal‹ ansehen. Was für eine Rolle spielen Gen- und Nanotechnologie, Zusatzstoffe, Gifte in der Luft, in der Nahrung, im Wasser bei der Entstehung von allergischen Reaktionen? Wir spielen mit Substanzen, ohne zu wissen, wie der menschliche Körper diese verstoffwechselt. Anthroposophen haben schon vor einigen Jahren bewiesen, dass Milchallergiker nicht mehr allergisch reagieren, wenn sie hochgradig biologische Demeter-Milch trinken. Die angeblichen Allergiker sind allergisch auf die Zusatzstoffe und Gifte, die in der normal produzierten Milch enthalten sind.
- Warum so viele Krebserkrankungen? Gibt es nicht genug Radioaktivität auf der Erde nach Tschernobyl, Fukushima und den unzähligen ›kleinen Pannen‹ überall? Radioaktivität hat eine sehr niedrige Schwingung und beeinträchtigt die Zellfunktion.
- Theorien und Behandlungsmethoden werden von Coaching-Experten ausgearbeitet, um Stress und Burnout zu definieren und zu kurieren. Die eigentliche Ursache wird dagegen ausgeblendet, nämlich der unmenschliche, übermäßige, unnatürliche Druck, der auf den Menschen ausgeübt wird.
- Man will uns suggerieren, Handys seien ungefährlich, müssen aber im Flugzeug abgeschaltet werden, weil sie andere elektromagnetische Geräte beeinträchtigen. Was ist mit dem elektromagnetischen Feld des Menschen?

Dann gibt es auch eine Reihe von positiven Veränderungen, die wir von Herzen mitmachen, um ›den Planeten zu retten‹. Setzen wir uns aber mit den Einzelheiten auseinander, decken wir grobe Diskrepanzen auf: die Ökosparleuchte, die Quecksilber enthält und zum Sondermüll zählt, thermoisolierte Häuser, die nicht atmen können und damit Schimmelpilzbefall fördern, sorgfältig gereinigte Joghurtbecher und andere Behälter, die im normalen Abfall landen. In seinem ausgezeichneten Artikel ›Deutschland, ein Ökomärchen‹[10]

[10] Alexander Neubauer ,geb. 1968, Wirtschaftsredakteur des SPIEGEL

(DER SPIEGEL 11/2012) erwähnt Alexander Neubacher[11] die Maßhalte-Appelle, die tiefe Spuren bei uns hinterlassen: Kurz duschen, anstatt baden, Dusche während des Einseifens ausschalten, um Wasser zu sparen. Zusammen mit einer Reihe weiterer Maßnahmen, die alle das Ziel haben, Ressourcen zu sparen und helfen sollen, unseren Planeten zu retten. Alles ehrenwerte Bemühungen an sich, die jedoch fraglich werden, sobald man sie in einem größeren Kontext betrachtet. Mit einem noch kritischeren Auge nehmen wir sie unter die Lupe, wenn wir uns tatsächlich fragen, welche Spuren sie in der Psyche hinterlassen. Sie fordern auch nicht unbedingt unser analytisches logisches Denken. Du sparst Wasser und Energie im Badezimmer und hebst zwei Aluminiumdeckel auf, während die Atomindustrie und die Ölpest den Planeten im großen Stil zerstören.

Decke die Ungereimtheiten auf, durchschaue sie und ziehe die Konsequenzen für dein Leben, sonst wirst du im allgemeinen Wahnsinn mitgerissen. Mögen dich deine Denk- und Unterscheidungsfähigkeiten davor bewahren!

Der Mentalkörper entspricht der aktuellen Entwicklungsphase der Menschheit. Sie spiegelt sich in der betonten, materialistischen, linearen, spezialisierten, analytischen Weltanschauung wider. Daten, Fakten, Kategorien, Menschen, die wie Roboter funktionieren, Körperteile, die von verschiedenen Spezialisten behandelt und operiert werden. Taste hier drücken, hier anklicken, multiple choice. So viel Wissen, aber keine inspirierten Gelehrten mehr. So viele Ausbildungen und Studien, die trotzdem nicht ausreichen, einen zu ernähren. Gedanken, die sich im Kreis drehen, Alltagsdenken zum Überleben im modernen Dschungel: »Ich muss zur Bank, muss einkaufen, muss Hinz und Kunz anrufen, dem XX zum Geburtstag gratulieren, mein Handy aufladen, Wäsche waschen …«. Sich ständig unter Kontrolle halten, funktionieren und rotieren, bis die Gedanken – vor allem die negativen – einem den Schlaf rauben. Nimm dafür ›White Chestnut‹ von den Bachblüten, so dass die wiederkehrenden Gedanken zur Ruhe kommen.

Atme tief durch, kläre deinen Geist und lass deine Gedanken friedvoll und immer weniger werden, während die Wellen mit jeder

[11] Alexander Neubauer ,geb. 1968, Wirtschaftsredakteur des SPIEGEL

Ebbe und Flut deinen Kopf von Ballast befreien. Wenn die niedere mentale Ebene immer klarer und gezielter arbeitet, damit die Alltagsgedanken ruhiger werden, dann schafft das Raum für die höheren mentalen Begabungen wie Inspiration, Kreativität, Telepathie, mystische Erlebnisse, die Verbindung zur Seele und dem innewohnenden Funken. Das ist die Ebene, auf der Erfindungen, Lösungen, schöpferisches Denken und Eingebungen wahrgenommen werden. Wir erschaffen nicht unsere Gedanken, wir erschaffen ein Resonanzfeld, das entsprechende morphogenetische Realitätsfelder anpeilt und von gleichschwingenden Gedanken besucht wird. Sie begegnen sich auf einer Wellenlänge, bei der Lebensführung, Glaubenssätze, kognitives Vermögen sowie Weltbetrachtungsweisen übereinstimmen. Beobachte die Qualität deiner Gedanken: Nährst du die Alltagsmühle oder stillst du sie, bis deine Mentalstruktur sich meditativ und kontemplativ für die Innere Weisheit und die Höhere Führung empfänglich macht? Manche Künstler verlieben sich gelegentlich in ihre Eingebung und wundern sich über deren Herkunft, erkennen jedoch nicht, wie die universelle Kraft als Quelle der Inspiration fungiert und durch das Höhere Selbst angezapft wird. In der Tat bildet die geistige Ausrichtung die Grundlage, eine Plattform, ein Sprungbrett für die Gedankenwelt der Inspiration, in der Resonanz entsteht und Geniales empfangen wird, das wiederum weitervermittelt werden will. Der Mensch ist kein Sprachrohr für nicht-inkarnierte Wesenheiten. Die Kreativität ist das Streben, der Sinn und die Erfüllung des menschlichen Daseins. Ist es nicht der kosmische Wille, sich selbst durch seine eigene Schöpfung zu erfahren und kennen zu lernen? Zu diesem Zweck bist du hier, um du selbst zu sein, um dein Wesen in seiner Einzigartigkeit zu entfalten. So wie der Steckling, das Samenkorn und die Zwiebel das Mysterium der Rose, der Sonnenblume oder der Tulpe in sich bergen, so ist deine Hauptsehnsucht hier auf Erden nicht das Lernen, sondern die Enthüllung deines innewohnenden Fraktals wie eine bunte Facette eines sich stets unendlich wiederholenden Kaleidoskops, das nach Evolution und Entfaltung strebt. Die Imagination trägt dich hoch und weit, tief und breit in parallele Welten, wo alles möglich ist, in ferne Universen und Zeiten, in profunde Wirbel deiner Seele oder als Flugreisenden durch den Äther. Deine Vorstellungskraft ist ungebunden. Was für Bilder entfalten sich in diesem Augenblick vor deinem geistigen Auge? Schaffst du dir den Rahmen, um gedankenlos in die Ferne zu schweifen? Willst du deinen Tagtraum verwirklichen oder ist er für immer verbannt durch Fernsehen und andere visuelle Medien? Wurde die Imagination für immer als abtrünnig erklärt oder wird sie wieder eingeladen ins Reiche der Intuition? »Vertraue deiner Imagination, vertraue ihr zusammen mit deinen inneren Sinnen. Lass sie deinen engsten Verbündeten werden, um dich in die Welt der Metaphysik zu begleiten«, flüstert mir die Intuition ins Ohr.

Frei ist der Wille, unantastbar ist der menschliche Wille; in unseren Händen und unseren Herzen liegt die Freiheit, ihn im Einklang mit dem Höchsten Gut zu gebrauchen, nicht nur für mich, nicht für den Wohlstand einer Minderheit, sondern für die Erfüllung und das Wohlergehen aller Mitbeteiligten. Lass also deinen kreativen Prozessen freien Lauf. Dein Beitrag, so schlicht und bescheiden oder so großzügig er auch sein mag, er wird sehnsüchtig erwartet – im Himmel wie auf Erden.

6.2 Ein wenig Theorie: Wissen macht klug

Der Mentalkörper befindet sich innerhalb des physischen Körpers und beinhaltet die Welt unserer Gedanken, Konzepte, abstrakte Vorstellungen und die Welt unserer Imagination. Er bildet sich zwischen dem 14. und 21. Lebensjahr. In dieser Zeit ist der junge Mensch von Ideen fasziniert und nimmt an philosophischen und metaphysischen Gesprächen teil. Die intellektuelle Neugierde motiviert zu Lektüre und anderen Entdeckungsreisen, die reflektiert und integriert werden, entweder als Basis für weitere mentale Tätigkeit oder als eine abgeschlossene Phase. Viele Menschen werden sich danach nur im Rahmen ihrer beruflichen Karriere mit intellektuellen Beschäftigungen auseinandersetzen, aber nicht mehr von sich aus ein Thema erforschen oder aus freien Stücken eine Ausbildung für sich abschließen. Manche werden nach diesem dritten Siebenjahresrhythmus nur noch die Zeitung und eventuell eine abonnierte Zeitschrift lesen. Viel Wissen wird über das Fernsehen gesammelt, aber bedauerlicherweise fehlt da die eigene aktive Vorstellungskraft.

Die höhere mentale Ebene beschäftigt sich mit der Welt der Erfindungen, der Lösungen, der Kreativität der feineren und subtileren mentalen Prozesse der edlen Sehnsüchte und Inspiration. Die niedere mentale Ebene ist vergleichbar mit dem Hamster im Rad oder mit quirligen Ratten, die unermüdlich hin- und hersausen. Gewohnheits- und Routinedenken sowie unstrukturierte Gedankengänge können einen durchlässig für negative Gedanken machen. Eine klare und strukturierte mentale Einstellung schützt davor. Sie wird zudem Erfahrungen positiv bewerten und zu Optimismus neigen. Die mentale Aura strahlt unsere kognitiven Prozesse nach außen und zieht Gleichgesinnte an, mit denen wir unsere Interessen und unser intellektuelles Streben, neue Ideen und Wissen austauschen. Wir werden von Gedanken besucht, die wir durch unsere Ausrichtung anlocken. Wiederum ist hier das Gesetz des Gleichklangs am Werk. Auf einem gesunden, edlen Terrain werden begnadete Inspirationen und Gedankenflüge gedeihen. Tagtäglich haben wir die Chance, jeden Tag erneut, den erwünschten Boden zu kultivieren.

An dieser Stelle möchte ich nochmals unsere Freunde und Begleiter, unsere kleinen Geschwister aus dem Tierreich erwähnen. Haustiere und höher entwickelte Tiere besitzen einen Mentalkörper, der sich allerdings in den ersten Entwicklungsstadien befindet. Hunde, Katzen, Pferde sowie Wale und Delfine verfügen über Erinnerungsvermögen und grundsätzliche Denkstrukturen, die ihnen klare Verbindungen und Überlegungen ermöglichen. Ich habe Tierkommunikation und Aura-Lesen mit Hunden, Katzen und Pferden durchgeführt und erfuhr Erstaunliches über ihre Wahrnehmung und in manchen Fällen über ihre philosophischen Ansichten. Einmal unterhielt ich mich mit einer älteren Katze, die mich fast überdrüssig über Telepathie unterrichtete. Als ich mich vorstellte, meinte sie: »Ich kenne dich ja schon«, worauf ich überrascht erwiderte: »Woher denn? Wir sehen uns zum ersten Mal.« – »Du hast dich mit Helga anhand eines Fotos über mich unterhalten.« In der Tat hatte ich mit ihrem Frauchen Helga eine telefonische Beratung anhand eines Fotos der Katze durchgeführt. Die junge Frau war beunruhigt, weil ihr Liebling einen zurückgezogenen und apathischen Eindruck machte. »Euch Menschen scheint es, als ob wir schliefen. Wir sind eigentlich unterwegs durch die Welten oder holen uns Kraft aus der Gruppenseele. Wir bekommen alles in unserer Umgebung mit, was nötig ist.«

Ehren wir also unsere Begleiter aus dem Tierreich, die die Bedingungslosigkeit der Liebe wirklich kennen. Ja, auch sie sind Seelen, die empfinden und wahrnehmen. Auch sie durchlaufen Prozesse und Entwicklungen und leben in diesen besonderen Zeiten des Wandels. Die Interaktion zwischen Mensch und Tier fördert das Vorankommen beider Spezies auf dem Pfad der Evolution. Durch unsere Gleichwertigkeit helfen wir uns gegenseitig und bescheren uns Augenblicke der Zuneigung und der Empathie. Der Mensch kann sehr viel lernen durch das Tier. Autoritäre, grausame Erziehungs- und Trainingsmethoden und Gefangenschaft schaden dem Leben, wogegen intelligente Zusammenarbeit für beide Spezies von tiefer Erfüllung sein könnte und sein wird in der Zeit des ausgedehnten Bewusstseins.

6.3 Was nähre ich mit meinen Gedanken? »Make choices« und Verantwortungsbewusstsein

Gedanken erzeugen Frequenzen und senden Schwingung in die Welt und in den Kosmos aus. Das ist dein Beitrag zur Realität und zu den morphogenetischen Feldern, der wiederum dem allgemeinen Konsens zufließt.

Die Qualität und die Wellenlänge deiner Gedanken haben einen größeren Einfluss, als du dir vorstellen kannst – auf dich selbst und auf die Welt. Das Phänomen des 100. Affen, das von Zoologen beobachtet wurde, haben auch Soziologen bestätigt. Also stell dir vor, du seist der 100. Mensch, dessen Gedankenwellen neue Tore auch für andere Menschen eröffnet. Nährst du Gedanken, die zum Höchsten Gut beitragen, jenen Wohlstand und jenes Wohlbefinden, das allen dient und nicht nur einer Minderheit? In der Tat bestehen in allen Bereichen ausgeglichene Lösungen, allgemeine Übereinstimmungen, die für alle Vorteile schaffen und für alle stimmen. Die einzigen Aspekte, die diesem Gesetz des Höchsten Guts widersprechen, sind Egoismus und Gier. Das sind die Eigenschaften, die lediglich dem eigenen Interesse nützen. Deine Gedanken beeinflussen nicht nur die Realitätsströme dieses Planeten und der Menschheit, sondern auch deine Epigenetik, deine Endorphine und Peptide, deine Hormone, deine Chakren und deine Aura, dein Blut, deine Organe, deine Magensäure, deine Leber, deinen Blutdruck, deinen Puls, dein automatisch funktionierendes neuro-vegetatives System, deinen Atem, Herzmuskel und deine Verdauung … Sie alle sind unabhängig vom Willen, stehen dafür aber direkt unter dem emotionalen Einfluss. Auch unbewusste Gedanken prägen Gefühle und Verhalten. Manche sind so tief vergraben, dass man sie erst aufdeckt durch die Auseinandersetzung mit belastenden Verhaltensweisen, die sich wiederholen und ähnliche problematische Lagen anziehen oder den Alltagsablauf beeinträchtigen. Das ist die Aufgabe vieler alternativer Therapien, die tiefer im menschlichen Bewusstsein forschen, um zu entdecken, was das Auge oberflächlich nicht erkennt. Die Wahrnehmung der feinstofflichen Ausstrahlung von Aura und Chakren kann die unmittelbare Enthüllung von versteckten, verzerrten Gedankenmustern ermöglichen.

Die Gedanken bündeln sich in zwei gegensätzliche Richtungen – pessimistisch und optimistisch. Lebensbejahende wirken nach oben ziehend, leicht, edel, fröhlich, erfüllt und erfüllend, friedlich, ruhig, gleichmütig, liebend, belebend. Diese erzeugen eine ausgedehnte, strahlende Aura mit klaren, durchsichtigen Farben und tragen zu emotionalem Ausgleich und gesundheitlichem Wohlbefinden sowie zu harmonischen zwischenmenschlichen und anderen Beziehungen bei. Dagegen fördern negative, pessimistische Denkweisen schwere, träge, harte, gestaute, traurige, depressive, unruhige Emotionen, die sich ausdrücken durch das ganze Spektrum der Ressentiments wie Hass, Neid, Angst, Zorn und Verzweiflung. Diese ziehen nach unten, schwächen das System, verkomplizieren menschliche Verhältnisse, ziehen ungünstige Situationen an, schwächen das Immunsystem und führen mit der Zeit zu körperlichen Disharmonien.

Folgenden Vorschlag hatte ich schon geäußert: Beobachte, was du denkst und wie du dich dabei fühlst. Es sollte dir nun klarer sein, wie einflussreich deine Denkstrukturen sind und wie sie deine Erfahrungen färben. Du wirst auch entdecken, dass du sie steuern, filtern, konzentrieren und nach Bedarf umpolen kannst. Dafür möchte ich dir zwei unterschiedliche Methoden anvertrauen. Die erste bezieht sich auf das Umkehren einer gedanklichen Ausrichtung, indem du mit Absicht einen negativen Gedanken durch einen positiven ersetzt. Die zweite Technik wirkt Wunder durch Zahlen. Vielleicht gefällt sie dir noch besser.

Zuerst die Umpolung eines Gedankens: Wenn du dich bei negativen Gedankengängen ertappst, betrachte sie und überlege, was für einen positiven Schluss du daraus ziehen kannst.

Beispiel 1: Du bist mit etwas unzufrieden. Wunderbar! Das ist doch eine Anregung zur Veränderung! Es zeigt dir genau, was du verwirklichen willst, was deine Bestimmung ist oder was jetzt ansteht.

Beispiel 2: Konzentrier dich auf ein positives Anliegen. Die negative Eigenschaft einer Bekannten nagt an dir. Es ist eine Tatsache, dass sie nicht kochen kann. Die Konsequenz: Du musst nicht bei ihr essen. Konzentriere dich stattdessen auf eine oder zwei positive Eigenschaften: Sie ist ehrlich, sie hat ein goldenes Herz!

Beispiel 3: Du befindest dich in einer ungünstigen Situation, an der momentan nichts zu ändern ist. Perfekt! Was kannst du daraus lernen? Gerade diesen Rahmen wirst du nutzen, um eine bestimmte Lebensqualität zu entwickeln, Abstand zu gewinnen oder zu lernen, es dir gut gehen zu lassen, unabhängig von der Gelegenheit.

Ich garantiere dir, dass die Situation sich bald positiv verändern wird. Dein Leben ist dein Labor. Jede Lebenslage wird zum Unterricht, zum Wachstum und zum Transformationsprozess.

Die Vorteile der Umpolungsübung sind folgende:
- Du bleibst nie stecken.
- Du fließt mit, anstatt zu bekämpfen und gewinnst dadurch Kraft, anstatt Kraft zu verlieren.
- Du verdrängst das Negative nicht, sondern nutzt es als Nährboden wie Komposterde, um wunderschöne Blüten erblühen zu lassen!

Mit diesem Rezept gibt es nur Gewinner!

»Und jetzt zur Umpolungsmethode mit Zahlen, genauer gesagt mit Prozentanteilen. Nimm eine gegenwärtige Situation, die dir Mühe macht oder dich enttäuscht oder aufregt.«

»Ich hatte einen Streit mit meiner Mutter und seitdem ....«

»Einzelheiten sind nicht wichtig, du brauchst die Situation nicht zu erzählen. Ich schlage dir vor, an den Streit zu denken und rein intuitiv den negativen Anteil in Prozent festzulegen. Wie viel Prozent Negativität würdest du der Auseinandersetzung zuschreiben?«

»Es war schon sehr ärgerlich und ziemlich ...«

»Du brauchst nur eine Zahl!«

»Ich würde sagen 70 % negativ.«

»Immerhin sind 30 % positiv in dieser Situation.«

Lacht – »Jawohl, 70 % negativ, 30 % positiv.«

»Tausche nun bitte die Zahlen um.«

Zögert und lacht – »30 % negativ, 70 % positiv?!?«

»Betrachte jetzt die Lage mit diesen neuen Anteilen: 70 % positiv, 30 % negativ.«

»Ja ... interessant!? Die Situation wird positiv, angepasst durch das Vertauschen der Zahlen.«

»Klar, 70 % positiv ist schon sehr gut.«

»Ja, aber das bleibt nicht, die Zahlen ›gleiten‹ sozusagen.«

»Das ist Teil der Übung. Bleib dabei und pole beständig diese beiden Zahlen um, wechsle ganz geduldig immer wieder auf 70 % positiv, 30 % negativ.«

»Es wird besser, und vor allem fühle ich mich erleichtert.«

»Ich hatte es dir ja gesagt, es ist eine Wunderübung!«

»Die Zahlen fallen noch zurück zum Ausgangspunkt, aber viel langsamer.«

»Dann lass die 70 % wie ein Neonlicht blinken.«

Lacht laut – »Das ist cool! Die 30 % blinken auch, aber kleiner – 70 % positiv ganz groß und 30 % negativ, eher schmaler. Das ist selbstverständlich, denn 30 ist weniger als 70!«

»Wie fühlst du dich dabei?«

»Ja ... die Auseinandersetzung scheint nicht mehr so zu bedrücken oder so wichtig zu sein. Sie ist ja nur 30 % negativ, was nicht sehr belastend ist. Kann man das mit allem so machen?«

»Sicher. Es ist unwissenschaftlich, aber es funktioniert erstaunlich gut. Die bereichernde Nebenwirkung besteht darin, dass diese Methode einen ganz befreiten therapeutischen Zugang eröffnet, frei von der Überbeschäftigung mit negativen Emotionen. Sie zeigt dir auch, wie leicht es ist, die Realität zu steuern.«

»Ich spüre deutlich, dass meine anfängliche emotionale Ladung und meine festgefahrenen Ideen sich dermaßen entspannt haben, dass ich den Vorfall loslassen kann.«

»Gerne kannst du üben mit Situationen aus deiner Kindheit, die in der Erinnerung durch ihre Negativität noch vorhanden sind.«

»Ja, ich hätte da schon so ein paar Geschichten ... Streit zwischen meinen Eltern, einen Tag in der Schule, der ganz schief ging, ein Unfall ...«

»Jeder hat ein paar Erinnerungen, die sich in der Vergangenheit negativ eingeprägt haben. Es ist besonders angebracht, Kindheitserinnerungen umzupolen, denn wir haben damals Schlüsse gezogen, die unser Leben auch heute noch als Erwachsene beeinträchtigen.«

»Warum ist das so?«

»Weil unsere ersten sieben Jahre äußerst prägend sind und wir noch keinen eigenen Ätherkörper besitzen. Wir teilen uns den unserer Mutter. Unsere Psyche nimmt Erlebnisse auf, die als unbewusste Muster unsere Denkweisen fürs Leben beeinflussen. Jetzt kannst du aber die Zahlen bewusst umtauschen und die positive Zahl blinken lassen, bis sie beständig bleibt. Auf diese Weise ist die Erinnerung nicht mehr negativ beladen und dein erwachsenes Selbst befreit. Du musst nicht wühlen in der Ohnmacht der Vergangenheit. Wir wissen, dass Energie gleiche Energie anzieht, deshalb vermeiden wir diese negativ emotionalen Energien und entscheiden uns für einfache, leichte, wirksame Umpolung. Ja, wir treffen Entscheidungen: ›Make choices.‹«

Manchmal sagt man mir mit der freundlichsten und großzügigsten Absicht: »Es gibt alles, was du dir vorstellen kannst! Du kannst alles haben!« Ich will aber nicht alles! Ich will nur, was ich für gesund, schön, interessant, intelligent und sinnvoll halte. Ich will nur, was mit mir in Resonanz steht. Das Gleiche gilt für dieses Streben nach Fülle und Überfülle. Eines meiner Seminare lautet: ›Ich habe immer, was ich brauche‹. Das Richtige, zur richtigen Zeit, am richtigen Ort. Ist das nicht der wahre Reichtum?

Die Natur strebt nach Gleichgewicht. Wir haben die Möglichkeit, für alle Lebensbereiche Entscheidungen zu treffen; wir haben die Pflicht, unsere Unterscheidungsfähigkeit auszuüben von den gängigsten Alltagsthemen bis hin zu den ethischen, philosophischen, spirituellen und metaphysischen. ›Make choices‹, triff deine Wahl, übe deinen freien Willen aus. Er ist das einzige, was du wirklich besitzt.

Eine Klientin war nach einer Einzelsitzung unendlich dankbar. Sie saß zwischen zwei Männern, die sie beide begehrten. Sie war zerrissen und mit der emotionalen Situation überfordert. Ich sagte nur: »Du darfst wählen«. Sie wählte und wurde erfüllt und glücklich.

Du darfst auch wählen, wie wichtig, interessant und sinnvoll ein Thema oder eine Gelegenheit für dich ist. Du wählst, wie viel Energie, Kraft, Überlegung, Zeit, Freude, Liebe, Verantwortung du in eine Thematik einfließen lassen willst. Stell dir zuerst vor, dass du die vorgegebene Situation in deiner Hand hältst. Auf diese Weise verkleinerst du sie und betrachtest sie mit Abstand. Dadurch wirst du vom Problem nicht überwältigt, denn es ist klein, und du hast Abstand, und die Sache wird gleich leichter. Denn alles, was wir als schwierig abstempeln, wird auch schwierig. Du hast es so entschieden. Vermeide also das Wort ›schwierig‹ und ersetze es durch ›es ist machbar‹. Mit dem nächsten Schritt definieren wir, wie viel Wichtigkeit du der Thematik beimessen möchtest. Ist es eine dieser Sachen, die erledigt werden müssen, damit du deine Ruhe hast und dich faszinierenderen Dingen widmen kannst? Lass dich nicht deiner Zeit, deiner Aufmerksamkeit, deiner Gedanken, deiner Intelligenz berauben, sondern bestimme selbst, wofür du deine Energie einsetzen willst. Grenze dich ab und filtere heraus, was nicht ›Deines‹ ist. Definiere zuerst, was zu deinem Universum gehört, und nimm dir dann die Freiheit, dies zu kultivieren und zu nähren. Das Unnötige, das Unwürdige, alles, was nicht im Einklang mit Dir und mit dem Höchsten Gut steht, brauchst du nicht mit deiner Kraft, deinem Geld, deiner Zeit etc. zu versorgen. Dreh einfach den Hahn zu, lass es vertrocknen und abfallen, es wird keinen Platz in deinem Universum haben. Einfach? So kannst du durch die richtige Auswahl dein Leben ausmisten und vereinfachen und du wirst mehr Zeit, Kraft, Energie, möglicherweise auch mehr Geld zur Verfügung haben.

Du wirst nie mehr unter der Qual der Wahl leiden, wenn du verstehst, welche Herausforderungen und Chancen das Leben bietet und wie du deine Prioritäten setzt. Warum gibt es so viele Waschpulvermarken, Fernsehkanäle, Brotsorten, Lippenstiftqualitäten, etc...? Damit du lernst, deine Unterscheidungsfähigkeit zu schärfen und dein mentales Sieb zu betätigen. Nur das ›Gold‹ wird filtriert. Die Qual der Wahl, Neuorientierung, Lebenskreuzung, das alles gab es früher nicht, denn das Leben verlief wie vorgegeben und geradlinig. Jetzt hat man mehr Freiheit und deshalb entsprechend mehr Verantwortung. Was ist ›Deins‹, wofür stehst du? Deine Schwingung zieht Erlebnisse, Menschen, Universen aus ganz bestimmten Gründen an. Trage die Ver-Antwort-ung dafür, gib dem Universum eine Antwort. Alle, die die Erde erwartungsvoll beobachten, folgen gespannt der Entwicklung und dem Erwachen der Menschheit. Jeder, seit Anfang der Zeit, hat sich verpflichtet, mitzumachen. Keine Entscheidung ist auch eine Entscheidung, keiner entgeht der Verantwortung. Die Palette ist breit und weit, die Möglichkeiten sind unendlich. Es liegt an dir, deine Wahl zu treffen und dein Universum zu erschaffen. Wähle, entscheide dich für deinen Weg. Hoffen ist vergebens. Deine Prioritätenwahl bestimmt den Schwerpunkt deines Lebens.

6.4 Mentale Kraft: Erschaffendes Bewusstsein

In den letzten Jahren ist eine Fülle an Literatur über die menschliche Fähigkeit zur Realitätssteuerung erschienen. Sie bezeichnet eine entscheidende Wende. Weg vom ohnmächtigen Fatalismus. Der Gedanke »Ja, ich kann mein Leben gestalten, ändern, verbessern, es in Einklang mit meiner Seele bringen« ermächtigt und befähigt den Menschen und erweckt ihn zum wahren Sinn des Lebens. Das Geschöpf als Teil der Schöpfung wird selbst zum Schöpfer seiner Welt. Der innewohnende Funke des Schöpfers liegt in dir. Du bist sein Abbild, und das Schöpferische in dir sehnt sich nach Ausdruck, nach individuellem Ausdruck. Im Kleinen wie im Großen.

Wenn wir einsehen, dass Gedanken Frequenzen und Wellenlängen in die Welt aussenden, die den Ausdruck unseres Fokus bündeln und wiederum ähnlich Schwingendes laut der Gesetzmäßigkeit der Resonanz anziehen, dann ist es nachvollziehbar, dass wir die Art und den Inhalt des Gedachten pflegen sollten. Wir erschaffen Realitäten am laufenden Band – bewusst oder unbewusst. Sich eine heile Welt mit viel Geld einmal am Tag zu wünschen und den Rest des Tages mit Geldsorgen, Neid, Sprüchen wie: »Das ist das Leben« und Minderwertigkeitskomplexen zu verbringen, ist ein weit verbreitetes Lebenskonzept, dem Knappheit zugrunde liegt. Welche Botschaft oder welche Hauptfrequenz schickt diese Person in die Welt hinaus? Die gute Absicht (heile Welt und viel Geld) wird überlagert von den vorherrschenden (negativen) Gedanken und Gefühlen, die den positiven Hintergrund annullieren. Du bist ein ständiger Schöpfer, und das Leben reflektiert, ohne je Einwände zu erheben. Du behauptest, das Leben sei schwer, und dein Weltspiegel erwidert wie ein Echo schwierige Umstände. Das Ego liebt es, recht zu haben: »Ich habe es dir gesagt, das Leben ist schwer, siehe da!« Wenn die Mehrheit der Leute solche Gedanken hegt und entsprechende ›schwierige‹ Erfahrungen anzieht, ist es Zeit, dass bewusste Menschen eine andere Realität erschaffen für sich und für die kommenden Generationen.

Wenn wir uns mit unserem Kernthema auseinandersetzen wollen, müssen wir sinnvoll hinter die Fassade schauen und in den unbewussten Ecken die Spinnweben entfernen. Deshalb habe ich ausführlich die Denkstrukturen unter die Lupe genommen, die uns zu unbewussten, ferngesteuerten Robotern machen. Gewohnheiten und Routine nehmen uns die Möglichkeit, andere Perspektiven und flexiblere Standpunkte einzunehmen. Dann gibt es die einengenden mentalen Prozesse, die einschränkenden: »Ich kann nicht!«, »Wir sind es nicht wert!«, »In unserer Familie war es noch nie der Fall!« etc., die uns auf unserem Entwicklungsweg und bei unserer Lebensgestaltung bremsen.

Wir verfügen über eine mächtige Kraft, nämlich die kombinierte Macht der Gedanken, des Visualisierens und des Fühlens. Je mehr ich mich mit der Thematik der Realitätserschaffung beschäftige, desto mehr entdecke ich, dass sie mit Authentizität und Integrität zu tun hat. Dabei geht es nicht darum, den ›American Dream‹ zu materialisieren oder irgendjemanden nachzuahmen.

Die Essenz der Wirklichkeitsgestaltung ist der Ausdruck der Einzigartigkeit der eigenen Seele. Der Impuls der Schöpfung ist das Erschaffen von Universen. Der Schöpfer kreiert ständig in unermesslichen Mengen, in unzähliger Vielfältigkeit und grenzenlosen Möglichkeiten. So unendlich einfallsreich und kreativ ist der Schöpferimpuls, dass jeder Eiskristall einzigartig und jeder Mensch ein Individuum ist. Der ewige kreative Geist langweilt sich nicht mit dem Klonen, mit dem Kopieren und Nachahmen, mit der Einheitlichkeit und Konformität. Die Quelle ist durch verschwenderische Fülle und erhabene Einzigartigkeit gekennzeichnet. Der Mensch als Teil der Schöpfung und als Abbild des Schöpfers trägt in seinem Kern das Wesen der schöpferischen Gestaltung der Realität. Du bist selbst ein Universum, also erschaffe deine Oase, werde du selbst und schmücke deinen Garten mit den Blumen der Wahrheit, mit dem Teich der Tiefgründigkeit, mit den Bäumen des höchsten Strebens und mit der Liebe der göttlichen Offenbarung innerhalb jedes Wesens.

Die Transmutation richtet sich auf die mentale Ebene und verändert die Form durch die Transformation. Geh deinen Weg in kreativer Absicht mit schwungvollen Schritten, lass dich von Zuversicht und Mut tragen. Konzentriere dich auf das, was du erleben willst samt Gedanken, Gefühlen, Handeln. Übersieh dabei aber nicht die kleinen Dinge des Lebens. Auch sie zählen, und mit ihnen fangen wir an.

Indem du den Ewigen mit deinem persönlichen Universum bereicherst, drückst du aus, was in deinem Innersten liegt, erfüllst deine Mission als Schöpfer und trägst zur Schöpfung bei. Das Göttliche will sich durch seine Schöpfung erfahren. Im Laufe des kreativen Vorgangs wird sich eine sakrale Übereinstimmung zwischen deinen Wünschen, deinem Streben und deinem Höheren Selbst sowie der Erfüllung des Höchsten Gutes einstellen. Sind Gleichgewicht und Harmonie gewährleistet, fließen die Gegebenheiten; die richtigen Menschen am richtigen Ort zur richtigen Zeit, und alles ergibt sich aus einer grundsätzlichen Stimmigkeit. ›Easy is right‹. Aus diesem Wissen heraus wirst du mit gutem Gewissen aufgeben und loslassen, was nicht im Fluss und in der Ausrichtung ist. Deine Wünsche sind eins mit deinem Höheren Selbst.

Denken wir nicht alle von Zeit zu Zeit, dass das Leben Seltsames, Ungutes oder Unerwünschtes bringt? Aber das Leben spiegelt und reflektiert lediglich. Nimmst du eine Opferhaltung ein, wird es dir gerade diese Rolle entgegenbringen. Hast du versäumt, deine Prioritäten zu setzen und deine Verantwortung zu übernehmen, wird es dich zudecken mit Begebenheiten, die dir seltsam, sinnlos oder fremd erscheinen. Zeichen bringt es immer mit und überlässt uns dann die kreative Aufgabe, sie zu deuten. Gelegentlich bringt es auch Botschaften, die wir überhören. Wichtiger noch als die Situation, die du anziehst, ist die Art und Weise, wie du damit umgehst, was du daraus lernen kannst.

Krankheit und Leid fordern und verbrauchen sehr viel mentale Kraft. Die darin investierte Energie erschafft gerade das, was wir so gerne vermeiden würden. Philosophische, psychologische, metaphysische und religiöse Abhandlungen bestätigen die Existenz und die Notwendigkeit von Leiden. Krankheit wird gesucht, erwartet, geprüft, getestet, abgetastet wie ein Feind, der uns auf unvermeidbare und unabdingbare Weise eines Tages aufsuchen wird. Unsere Psyche ist so sehr auf Erkrankung konzentriert, dass wir ein kollektives pathologisches Klima erzeugen. Der Organismus besitzt wunderbare Regenerationskräfte. An uns liegt es, mit mentaler Kraft, Bewusstsein und Lebensführung unsere gesunde, heile Welt zu erschaffen.

Perspektiven und Horizonte können durch Überzeugungen und Glaubenssätze eng, irreführend, verzweifelnd oder befreiend, hoffnungsvoll und schöpferisch sein. Wenn du die Situation nicht ändern kannst, dann wechsle deinen Blickwinkel.

»Leichter gesagt als getan«, erwidert Barbara. Als sie von ihrer Familie erzählt, wird ihre Aura fester und angespannter und ich sehe, wie ein enger Schleier ihren Kopf umhüllt. Vor ihrem Brustkorb bis zum Bauch hinunter hängt eine vielfarbige und sich unruhig bewegende Masse mit Schlieren. Ihr Atem ist bedrückt, oberflächlich. Die Emotion macht es ihr schwer, davon zu sprechen, was ihr Herz bedrückt. Die Farben vermischen sich zu einer gräulichen Masse, die jetzt vor ihr hängt wie ein Latz. Sie vertraut mir an, dass die letzten Monate für sie sehr schmerzlich waren, denn sie sei zu dem Schluss gekommen sowohl von ihrem Sohn als auch von ihrer gekommen sowohl von ihrem Sohn als auch von ihrer Tochter tief enttäuscht worden zu sein.

Das ist Barbaras zweite Sitzung. Ich beobachte ihre Aura und stelle fest, dass ihre Energien mehr im Fluss sind, obwohl ihre Verbindung zur Erde noch mangelhaft ist. Sie ist meinen Empfehlungen gefolgt und ist jetzt imstande zu sprechen.

»Mein Sohn hat sich von unserer Familie abgewendet«. Was ihre Tochter betrifft, scheint ihr Schicksal gesichert und von materiellem Wohlstand gesegnet.

»Das ist erfreulich«, sage ich, und als ich fragen will, was dabei enttäuschend sei, unterbricht mich Barbara. Die Energie um den Hals herum schwillt an, und ich höre, wie ihre Stimme – ähnlich der Luft aus dem Akkordeon – unter Druck folgende Worte spricht: »Sie hat auch nichts erreicht, nichts Anständiges. Keine Ausbildung. Das Einzige, was sie geschafft hat, ist, diesen Mann zu heiraten.« Bella, Barbaras Tochter, hat einen berühmten Fußballer geheiratet, einen gut aussehenden, wohlhabenden Mann, der ihr die Wünsche von den Lippen abliest und diese auch erfüllt. Genau das, was man in Märchen oder Liebesromanen liest, erlebt Bella mit ihren 21 Jahren.

Barbara fährt fort, und die Aura wird dabei unter den Füßen immer dünner, dafür sammelt sich die gestaute emotionale Energie am Rande der Aura und zirkuliert unordentlich, anstatt zu strahlen. »Das ist das Ergebnis der ganzen Erziehung. Nichts kommt dabei heraus. Zwei erwachsene Kinder, und keiner hat etwas in der Hand. Ich bin gescheitert.«

Ich sehe Barbaras Ahnen in ihrem Energiefeld: ihre Eltern, Großeltern, Urgroßeltern und noch weitere wichtige Mitglieder innerhalb der Familie, ein paar Onkel und Tanten. Aus meinem geistigen Ohr höre ich wie eine Litanei: »Nichts kommt dabei heraus. Keiner hat was in der Hand. Wir sind gescheitert.«

Bevor Barbara den nächsten Satz anfängt, frage ich sie unvermittelt: »Bist du von deinen Eltern unter Druck gesetzt worden, damit du eine Lehre machst?«

»Ja … ja, es ist so bei uns, aber ich habe keine Lehre abgeschlossen. Ich musste ja früh heiraten … nein, keine Lehre.«

Das Denkmuster ist klar: Von Generation zu Generation wird dieselbe Erwartungshaltung aufgebaut. Der kommenden Generation sollte es besser gehen, und dafür sollten die Kinder eine Ausbildung in der Hand haben. Der Druck erreicht aber nicht seinen Zweck, sondern scheint eher wie ein Bumerang zu wirken und verleiht den Eltern das Gefühl, gescheitert zu sein. Ich erkläre Barbara, dass sie durch familiäre Glaubenssätze ferngesteuert wird.

»Normalerweise sollte eine Mutter auf das Ergebnis ihrer Erziehung stolz sein. Sie muss auf ihr Kind stolz sein können. Sie müssen eine abgeschlossene Ausbildung haben…« Barbaras Gedanken drehen sich im Kreis. Um die Sitzung voranzubringen, klären wir die Anwesenheit der Ahnen in Barbaras Aura und führen eine Übung durch, die sie in die Gegenwart zurückbringt.

»Es ist so bei uns«, sagt sie noch.

»Wie fühlst du dich jetzt?«

»Irgendwie befreit und nicht mehr so angespannt«, atmet sie durch. Es gibt mehr Licht in ihrer Aura.

»Ich fasse jetzt zusammen: Dein Sohn lebt in Asien und fühlt sich dort wohl und zugehörig. Deine Tochter ist glücklich verheiratet.«

»Ja, es geht beiden gut.«

»Barbara, was ist der große Wunsch jeder Mutter auf dieser Welt?«

»Hm, ja, dass es ihren Kindern gut geht. Ja, es geht ihnen gut.«

Ich wage es, ein wenig provozierend zu sein.

»Auch ohne Ausbildung?«

»Ja, gut, es ist nicht so wichtig … vielleicht.«

»Das Wichtigste jetzt ist, dass du bereit bist, in der Gegenwart zu stehen und eine neue Perspektive einzunehmen.«

»Hauptsache, sie sind glücklich! Natürlich macht mich das glücklich!«

»Wo war das Problem?«

»In meinem Kopf!«

»In deiner Denkweise.« Der Emotionalkörper um Barbara ist heiter, die ›Klemme‹ um den Kopf herum ist verschwunden.

»Eine Ausbildung kann man irgendwann nachholen …«, lacht sie, »wobei es ihnen auch ohne gut geht! Das war eine gute Sitzung«, schließt sie ab.

»Ich wünsche dir einen schönen Tag und genieße das schöne Wetter«, wünsche ich ihr zum Ende der Sitzung.

Sehr wichtig war es, dass Barbara ihre Fixierung auf das Scheitern als Elternteil überwindet. Sie steht nämlich, numerologisch gesehen, in einem Persönlichkeitsjahr neun. In der heiligen Numerologie steht die neunte Reihenfolge des persönlichen Turnus für den Jahresabschluss eines neunjährigen Rhythmus: Das ist die Schlussbilanz entweder mit Tränen und Enttäuschungen oder das Jahr, in dem wir unsere Lorbeeren ernten.

6.5 Numerologie

Es war zu erwarten, dass die mentale Ebene ein wenig kopflastig wird und dass der Kopf ›raucht‹. Die Numerologie hat zwar nichts mehr mit der Aura zu tun, aber auch Zahlen besitzen eine Schwingung. Ich wurde in den Geheimnissen der Numerologie privat unterrichtet und benutze seit Jahren dieses Wissen nur im persönlichen Umfeld. Die Aura-Arbeit erlebe ich als sehr inspirierend und fließend, als ob ich getragen werde durch die Dimensionen des Wesens, im Gegensatz zu der numerologischen Arbeit, die einer strengen Vorgabe folgt. Nach der Analyse kommt die Auswertung, die die vielen Facetten des Menschen und seiner Entwicklung in einem Bild mit Zusammenhängen und Perspektiven schildert.

Zusätzlich zur herkömmlichen Numerologielehre wurde ich eingeführt in die Geheimnisse der karmischen Numerologie und in die Anwendung von besonderen und individuellen Zahlen, die zu Gesundheit und Wohlbefinden beitragen können. Zu erwähnen ist auch die Einweihungszahl, die den Zugang zum inneren, verborgenen Wissen verleiht.

Barbara konnte sich mit ihrer Rolle als Elternteil aussöhnen, auch wenn ihre festgelegten Vorstellungen nicht erfüllt wurden. Sie war aber imstande, ihren Standpunkt zu ändern, ihre Kinder von den Fesseln ihrer Erwartungen zu lösen und einzusehen, dass sie die Freiheit haben, Ihren eigenen Weg zu gehen – vorläufig ohne Ausbildung. Am wichtigsten aber war die Tatsache, dass es Barbara nun möglich war, sich mit ihren Kindern und sich für sie zu freuen, was sie von dem Druck befreite, als Mutter unbedingt stolz sein zu müssen. Infolgedessen kann sie einen neuen Neunjahreszyklus mit Leichtigkeit anfangen. Hätte sie darauf bestanden, in ihrem alten Denkmuster ›Ich bin bei der Erziehung meiner Kinder gescheitert‹ zu verharren, hätte ihre Einstellung den neuen Zyklus von Anfang an geprägt und erschwert. Die heilige Numerologie entschlüsselt die karmischen Zusammenhänge, die persönlichen Tendenzen für das jeweilige Jahr sowie die einflussreichen Jahre des jeweiligen Lebens.

Gerade die Verbindung von zwei so entgegengesetzten Methoden wie Aura-Lesen und Numerologie schenkt uns einen breiten Horizont und wertvolle Einsichten auf dem Weg der Entwicklung.

7 Die Seele weiß

7.1 Der goldene Faden von Alpha bis Omega

Du – als Seele – bist unterwegs. Alle anderen Seelen um dich herum sind ebenfalls unterwegs. Jede auf ihre ganz individuelle Weise, jede in ihrem eigenen Tempo, jede auf die spezifische Erfüllung ihres Strebens hin ausgerichtet. Jede in ständiger, unaufhörlicher Bewegung und am Pulsieren. Von da nach dort und doch nirgendwohin, denn alles ist hier vorhanden. Und doch strebt die Sehnsucht von hier auf Erden bis ins Jenseits, von diesem Zustand zum nächsten, vom Minus zum Plus und umgekehrt. Hin zu beiden Extremen, um das Gleichgewicht und den Fluss wiederzufinden, aufrechtzuerhalten, um ihn wiederum zu verlieren und somit die nächste Oktave anzustreben, wo wieder einmal die Balance erreicht, verloren und wiedergefunden wird, bis sie weiter hinaufsteigt und das Geheimnis der Evolution erfüllt in ewiger Wonne.

Alles kommt, geht, fließt ins Meer, in Einzelheiten sowie in der Gesamtheit. Auf dem Planeten Erde ist alles vorhanden, von höllischen bis zu paradiesischen Zuständen, und es herrscht der freie Wille. Du aber gibst die Richtung an, was für dich stimmt im Einklang mit dem Großen Ganzen. Das ist die Kraft deiner Absicht. Ein göttlicher Funke auf der Reise durch die Unendlichkeit. Vielleicht fühlt es sich nicht so an, wenn du dich morgens im Spiegel anschaust und deinen Tag planst. Trotzdem ist jeder Tag wieder ein kosmisches Geschenk. Nimm an der kosmischen Feier teil!

Vergiss deine kosmische Herkunft nicht, wenn du vom Wecker wachgerüttelt wirst, wenn du die Nachrichten hörst, wenn du am Tagesanfang all die automatisierten Bewegungen bei der Morgentoilette ausführst und wenn du deine Uniform – Jeans, Anzug oder lässige bzw. klassische Klamotten, diese äußerlichen Ausdrucksmittel deiner Gruppenzugehörigkeit – anziehst. Erinnere dich stets an deine kosmische Herkunft.

Erinnere dich an deine kosmische Herkunft immer wieder im Laufe des Tages, wenn du deinen Alltagsgeschäften nachgehst. Besinne dich stets auf die Reise deiner Seele. Das ist die Spielregel: deinen irdischen Weg zu gehen und dir gleichzeitig immer wieder zu vergegenwärtigen, dass du ewig bist und aus göttlichem Stoff bestehst. Das Bewusstsein deiner wahren Zugehörigkeit verbindet dich mit der Quelle aller Dinge und Wesen, die dir Kraft, Lebendigkeit und Geborgenheit zuführt. In dieser Quelle ruht die einzige Sicherheit der Welt. Das Gewahrsein deines göttlichen Funkens verleiht dir wiederum den notwendigen Abstand von der Bühne, auf der du deine tägliche menschliche Rolle erfüllst in Verantwortung, Ehrlichkeit, Aufrichtigkeit, der Wahrheit deiner Seele folgend.

Die Reise geht weiter, die Zeit schreitet voran, das Geschenk des Lebens entfaltet sich im Laufe des Alltags völlig unbeachtet, wenn die Menschen von einer Stadt zur anderen befördert werden, wenn Tiere im Tiertransport zum Schlachthaus gefahren werden, wenn Pflanzen, Früchte, Gemüse von einem Land zum anderen geflogen oder verfrachtet werden, um dann unreif, gefroren, gespritzt und besprüht, vitaminlos und wie unecht strahlend auf den Regalen deines Supermarkts zu landen. So viel Bewegung, um doch nirgendwo anzukommen, so viel Auftrieb und Aufruhr, und doch ist alles hier, so viel Aufwühlung, und doch ruht die Antwort im Hier und Jetzt, im Nichts, im Zwischenraum zwischen dem Ein- und Ausatmen.

Deine Seele wählt für eine Reihe von Inkarnationen einen bestimmten, immer gleich bleibenden Grundauftrag, der jedoch für das jeweilige Leben von unterschiedlichen Seiten beleuchtet wird. So inkarnierst du mit Kraftstrahlen, die dich unterstützen und dir dabei helfen, deinen Seelenauftrag in die Welt zu setzen. So inkarnierst du mit der Seelenwellenlänge, die deine Uraufgabe beinhaltet und stets zum Ausdruck kommen will und in ihrem Aufblühen von deinem persönlichen Strahl getragen wird. Auf diese Weise verbinden sich dein persönlicher Strahl und deine ewige Aufgabe, um dein einzigartiges Wesen auf eine ganz individuelle kreative Weise in dieser Welt auszudrücken. Es geht nur darum, ›Deins‹ zu machen, auf deine Art und Weise. Das Verfolgen fremder Ziele ist mit Anstrengung und Verbiegung des Selbst verhaftet. Der Ausdruck der Seele steht dagegen im Einklang mit Erfüllung und Zufriedenheit.

Ein Teil des Ganzen zu sein und gleichzeitig seine eigene Lebensgeschichte zu leben, zu erforschen, zu erproben, seinen ganz individuellen Beitrag zum Großen Ganzen zu leisten, damit alle Zellen dem gesamten Organismus dienen, um dafür von der Gesamtheit genährt, getragen und erfüllt zu werden, das ist deine wahre Zugehörigkeit. Das klingt widersprüchlich, doch gerade da liegt unser Wirken als in der Gesamtheit eingebetteter Einzelner. Nichts ist je umsonst, denn alles wird in der Erinnerung der Welt gespeichert, um das große Buch der Menschheit zu vervollständigen.

Eine Reise ins Nirgendwo. Und dennoch bist du an diesem heutigen Tag, gerade hier an diesem Ort, mitten in deiner Reise. Es ist wahrhaftig eine Ehre, hier sein zu dürfen und diesen Rahmen, diese Lebensumstände gewählt zu haben, um deine Vielseitigkeit und deine Unizität auszuleben, auch wenn der Rahmen sich als zu eng oder nicht mehr passend erwiesen hat. Mach das Beste daraus, denn der Rahmen ist nicht zufällig vorhanden, und die Lebensumstände könnten sich als optimale Entfaltungsmöglichkeit entpuppen, um dein tiefstes Streben und dein Potenzial nach außen zu bringen.

Die Seele weiß: Auf sie zu achten, Rücksprache mit ihr zu halten, ihr Lied zu hören macht dich zu dem, der du wirklich bist.

Die Seele weiß: Sie beinhaltet die Schwingung, die Frequenz, die dein einzigartiges Wesen prägt. Die Sprache der Seele ist die Freude, die aus deinen Augen leuchtet und die deinen Weg beleuchtet. Die Sprache der Seele ist wahrhaftig, und auch wenn die Vernunft tausend Gründe für oder gegen etwas aufzählt, so weiß die Seele: »Es ist meins oder es ist nicht meins«, und es gibt die entsprechende Resonanz.

Authentisch ist die Seele, und als Reiseführer auf deinem Lebenspfad ist sie gleichzeitig Motivation und Ziel. Sie kennt das Wahre und was Eins ist mit der ursprünglichen Ordnung. Jede Abweichung entfernt dich vom Wohlbehagen, sei es in deinen Zellen, in deinem Körper, in deiner Psyche, deinem Geist, in deiner Anbindung zur Quelle, in deinen zwischenmenschlichen Beziehungen und den Begebenheiten deines Daseins. Aus der unendlichen Palette an möglichen Entscheidungen würdigt sie deinen freien Willen. Du wählst die Saite, harmonisch oder dissonant. Du wählst, und du trägst die Folgen und die Färbung – Einklang, Chaos oder Entropie.

Der goldene Faden zwischen der Quelle und dem Ziel ist dein ewiger Begleiter vom Ursprung bis zum Neubeginn und gleichzeitig die Erinnerung an deinen Auftrag vom Alpha bis zum Omega, wo alles stillzustehen scheint, bevor eine neue Drehung der Spirale angekurbelt wird. Auch wenn du morgens vor dem Spiegel stehst und dich fragst, woher du kommst, wohin du gehst, wer du bist und warum du existierst, die Antwort liegt tief in den Zellen, in deinem Mikrokosmos, der nach außen expandiert und strahlt bis in die Welt, in den Kosmos und zu den Sternen und der deine Bestimmung, deinen Seelenauftrag wie ein Echo in einer klaren, durchdringenden Melodie erschallen lässt: »Sei du selbst!«

In Einzelsitzungen höre ich wiederholt: »Ich habe eine Aufgabe« oder gequält suchend und sehnsüchtig: »Was ist meine Bestimmung? Sag mir, wer ich bin und was ich tun soll.«

Jeder trägt in sich die Aufgabe, er selbst zu sein. In jedem Individuum liegt der Seelenauftrag, seine einzigartige Frequenz in die Welt zu tragen und aufblühen zu lassen, also ganz grundsätzlich er selbst zu sein.

In dir liegt der strahlende Ausdruck der unendlichen Vielfältigkeit des Einen. Was für eine Ehre, diesen Auftrag in jeder Zelle zu beherbergen. Besinne dich kurz darauf! So einfach göttlich bist du. So einfach göttlich ist dein Auftrag. Ist man sich dessen bewusst, entfallen viele unnötige Stress- und Drucksituationen und Verhaltensweisen. Man muss sich nicht mehr vergleichen, nicht mehr konkurrieren, muss nicht mehr besser sein wollen als der andere, braucht sich nicht zu schämen, weil man sich als schlechter empfindet als sein Gegenüber. Da ist das Spiel nur verfälscht und nährt Unzulänglichkeit, Mangel, Reue, Ressentiment, Neid, Eifersucht, Mobbing, Selbsterniedrigung oder Überheblichkeit und Überlegenheit, anstatt das Göttliche in sich zu sehen und die anderen auf natürliche, alltägliche, selbstverständliche Weise zu achten.

Nein, die Seele verlangt von dir nicht, einen bestimmten Beruf zu erlernen oder eine bestimmte Gehaltsklasse anzustreben. Deine Seele will Eigenschaften, Qualitäten, Vibrationen, Frequenzen durch deine Persönlichkeit nach außen in die Welt, in die Realität entfalten und dort zum Tragen bringen. Diese können sich wie aus einem persönlichen Kaleidoskop in unendlich vielen Farben, Formen, Klängen und Wellenlängen ausdrücken. Die Ausdrucksweisen können im Laufe deines Lebens variieren, zumindest scheint es auf den ersten Blick so. Mit ein wenig Abstand wird der goldene Faden immer ›sichtbarer‹, spürbarer, und zwar durch alltägliche Handlungen, die du mit Klarheit, Liebe, Wissen, Erfahrung, Intuition ausführst und die dich mit dem Bewusstsein belohnen, das Getane, das Durchgeführte gut, korrekt, aufrichtig, kompetent und in Übereinstimmung mit deinem Wesen gemacht zu haben. Die Zelle hat ihre Aufgabe erfüllt: Die Gesamtheit ist harmonisch und zufrieden.

Deine Seele verlangt keine protzigen Aufgaben, keine weltrettenden Tätigkeiten, keine Doktor- und Ehrentitel und machtausübenden Ansichten. Alles schön und gut, falls du sie besitzt, aber sie sind kein Zweck in sich. Die Seele will nur den Weg gehen, den sie mit deiner Persönlichkeit vor der Inkarnation vereinbart hat. Also beschreite ihn, und wenn du dafür goldene Schuhe bekommst, freue dich und teile deine Freude mit anderen. Tue, was du jetzt zu tun hast, und öffne dich für die Entwicklung. Wir haben die Möglichkeit, mehrere Lebensabschnitte in einer Inkarnation zu leben. Würdige und segne die Freundschaft, die Beziehung, den Arbeitsplatz, die Ehe, den Wohnort und alles, was du jetzt verlässt oder wovon du dich jetzt verabschiedest und heiße das Neue willkommen, freue dich auf die nächste Gelegenheit, die dich weiterbringt in der Spirale der Entwicklung.

Die Seele weiß: Sie ist Weisheit, während die Persönlichkeit Wissen ansammelt. Vor lauter Informationen und Daten wird bisweilen die Weisheit verdrängt. Wissen ohne Herz und ohne Weisheit ist eine Falle der jetzigen Epoche. Wie fühlt sich das an, wenn du zwar über viele Informationen verfügst, damit aber nichts anzufangen weißt?

Hinter der Sprache der Seele steht immer das innere Licht, die tiefe innere Präsenz, die dir als Anhaltspunkt überall und jederzeit dient. Achte darauf und kommuniziere mit deinem inneren Bezugspunkt, den du auf deine ganz persönliche Weise als Licht, als innere Achse, als Frequenz, als Ton etc. wahrnehmen kannst. Wie ein Muskel, der regelmäßig trainiert wird, wie ein fließender Austausch, wie ein Kanal, der offensteht und den freien Fluss fördert, wird sich das Zwiegespräch mit deiner Seele ergeben. Tausche dich weiter aus mit deiner Umgebung, lerne, leihe von anderen aus, frage und hinterfrage, lass dich inspirieren und dir Visionen ins Ohr flüstern. Möge das letzte Wort aber das deiner Seele sein.

Die Seele weiß: Sie trägt in sich die Erinnerungen vergangener Leben und Bilder der zukünftigen Reise. Sie ist eine holografische Entfaltung des Selbst, die ständig eine Fülle von Pflanzen vom Keimen bis zum Welken antreibt. In einem Problem ist die Lösung bereits enthalten. Aus dem Samenkorn entstehen viele Knospen, aus denen Blüten erstrahlen und letztendlich wieder verwelken. Alles in heiligen Rhythmen sich ad infinitum wiederholend und doch von Oktave zu Oktave steigernd in der Spirale der Evolution und gleichzeitig sich im gegenwärtigen Augenblick entfaltend – ein perfektes Fraktal.

Unsere Augen sehen immer mehr; nicht nur unsere physischen Augen sondern auch unser geistiges Auge und unsere Wahrnehmung, die sich der Informatik und der Elektronik als Hilfsmittel für die Sichtbarmachung von bisher Unsichtbarem bedienen kann. Erst 1986 hat der Mathematiker Mandelbrot[12] am Computer Fraktale sichtbar gemacht. Sogenannte ›Orbs‹ erscheinen immer häufiger, aber stets nur bei bestimmten Menschen, die digitale Aufnahmen machen. Mit unseren physischen Augen nehmen wir immer mehr Farben wahr. Ich vergleiche das mit der begrenzten Auswahl und Beschreibung von Farben in meiner Kindheit im Gegensatz zu der Vielfalt der heute erhältlichen Farben. Aristoteles erwähnte nur die drei Primärfarben Gelb, Rot, Blau. Farben sind der Ausdruck des Lichts in seiner Pluralität und widerspiegeln sich in unserem Bewusstsein. Die erweiterte Farbpalette entspricht der aktuellen Wahrnehmung und dem sich öffnenden Bewusstsein.

Vielleicht sitzt du hier – verträumt, inspiriert, sehnsüchtig, meditativ, völlig im Hier und Jetzt. Begabung, Streben, Träume, Visionen von gelebten Augenblicken kulminieren in diesem Leben. Sie tragen die Erinnerung an deine Aufgabe, die du schon so viele Male geübt hast. Aber in dieser Zeit der Apokalypse, der Enthüllung, wo die Schleier gelüftet werden, strahlen Diamanten durch das Muttergestein am Flussbett, Lügen und Falschheit zeigen sich als das, was sie sind und finden kein Versteck mehr. Auch wenn die Vorwärtsschritte noch von den Gewohnheiten und dem kollektiven Druck erschwert werden, so befreien sich die Psyche, die Herzen und die

[12] Benoît B. Mandelbrot, französisch-US-amerikanischer Mathematiker, 1924-2010

Persönlichkeiten nach und nach, um die wahre Lebensbestimmung wieder ausfindig zu machen und kreativ auszuleben.

Vielleicht hast du auch spontane Erinnerungen oder durch Reinkarnationstherapie angeregte Einsichten in vorherige Leben. Besondere Begabungen, Vorlieben oder Faszination für bestimmte Themen, Kulturen oder Länder können auf einen in anderen Inkarnationen erworbenen Zugang hinweisen. ›Deja vu‹-Erfahrungen, bei denen man den Eindruck bekommt, an einem Ort schon einmal gewesen zu sein, widerspiegeln eine frühere Vertrautheit.

In der Antike war der Glaube an die Reinkarnation überall verbreitet. Beim Konzil von Konstantinopel im Jahre 553 wurde er verboten. In den drei monotheistischen Religionen ist das Thema Reinkarnation verpönt. Trotzdem ist ein Viertel der Europäer davon überzeugt. Dr. Ian Stevenson[13] hat 2.600 Fälle wissenschaftlich gesammelt, die die Inkarnation belegen. Forschung, die sich auf die Erinnerung von Kindern konzentriert, die noch Orte, Menschen und Gegenstände aus ihren vorherigen Inkarnationen erkennen, wird weiterhin wissenschaftlich betrieben.

In meiner Karriere als Aura-Leserin wurde ich des Öfteren mit der Thematik ›vorige Leben‹ konfrontiert, entweder als Muster oder Prägung, die die gegenwärtige Inkarnation beeinträchtigt – was am häufigsten auftritt – oder in Einzelsitzungen, in denen der Klient von einem unwiderstehlichen Bedürfnis berichtet, sich in ein gewisses Land zu begeben oder sich unwiderstehlich zu einem bestimmten Kulturkreis hingezogen fühlt. Ich habe ein paar sehr lebhafte Beispiele, die durch Erfahrungen in beliebigen Kulturen gründlichst und erfolgreich belegt und bestätigt worden sind. Vor ein paar Wochen hatte ich ein 13-jähriges hellsichtiges Mädchen als Klientin, die ihre Sehnsucht nach Australien leidenschaftlich beschrieb. Nein, das war keine kurzlebige Faszination für sonnige, sandige Urlaubsstrände oder für die inneren Wüsten des Landes. Sie besaß so hoch entwickelte sensitive Begabungen, dass ich telepathisch verfolgen und überprüfen konnte, was sie tief im Inneren mit Australien verband. Sie besaß in der Tat einen großen Schatz von Erinnerungen an Erlebnisse, die sich über mehrere Leben auf diesem weiten Kontinent

[13] Ian Stevenson, kanadischer Psychiater und Begründer der Reinkarnationsforschung, 1918-2007

erstreckten. Obwohl sie ein hübsches, hellhäutiges europäisches Mädchens ist, überzogen immer wieder aborigene Gesichter ihren hellen Teint, insbesondere erschienen Lippen und Nase eines älteren Mannes oder ihre zarte glatte Haut verwandelte sich plötzlich in dunkle vereinzelte Gesichtszüge, die von kurzen gekräuselten, ergrauenden Haaren umgeben waren. Irgendwann, wenn für sie die Zeit und alle Konstellationen passen, wird sie sich auf den Weg nach Australien machen. Dann wird die kleine blonde Deutsche mit dem ursprünglichen Wissen des Dorfältesten in Kontakt treten.

Die Seele kennt die verschiedenen Phasen und Rhythmen und sucht einmal die Ausdehnung, einmal den Rückzug und gelegentlich Perioden, die nach Stillstand aussehen, es aber nicht sind, außer wenn die Persönlichkeit darauf beharrt, die Botschaften der Seele zu ignorieren, was zu einem Stau im Energiefluss führen kann. Das kann Krankheit, Unfall, Unstimmigkeiten, Misserfolge bedeuten. Sogar diese Prozesse sind ein Streben nach Gleichgewicht, sind die Absicht der Natur, eine Balance wieder herzustellen. Alles strebt nach Gleichgewicht und Ausgleich, auch dann, wenn es den Werten unseres menschlichen Egos nicht immer entspricht. Aus dieser Betrachtung sind Krankheiten oder Lebenskrisen natürliche Stationen auf dem Weg der Wiederherstellung des Ausgleichs, wovon sich Körper, Emotionen, Gedanken und das wahre Selbst entfernt haben, wonach sie aber gleich wieder streben.

Die Seelenebene erschließt den Zugang zur Einheit, zur allumfassenden einheitlichen Kraft, die alles umspannt und verbindet. Alles ist Eins. Nicht nur Ökologen und Mystiker behaupten, dass alles miteinander verbunden ist und miteinander schwingt. Mittlerweile kann die Wissenschaft beweisen, dass sich z. B. Gehirne durch Frequenzen abstimmen, dass sich weibliche Zyklen zeitlich einpendeln. Dafür ist kein wissenschaftliches Experiment nötig. Frauen, die einen längeren Zeitraum miteinander verbringen, beobachten, dass sie gleichzeitig ihre Menstruation bekommen.

Alles, was wir für uns tun im Sinne einer persönlichen Heilung, Harmonisierung oder Entfaltung, dient auch der Ganzheit, denn wir sind alle einzelne Zellen innerhalb der gesamten Menschheit und darüber hinaus mit der Schöpfung.

Mit unserem Wesen – energetisch, feinstofflich, telepathisch –, aber auch durch unsere Liebe zum Ganzen und zum Selbst, durch unsere Intelligenz, unsere Intuition und unsere Handlungen bündeln wir unser Streben in einem Prozess, auf Erden eine ausgewogene Ordnung einzuleiten. Die morphogenetischen Felder unserer Ausrichtung, unserer Seele und unseres Verstandes erschaffen gemeinsam Quantensprünge der jetzigen Evolutionsphase auf der Erde.

7.2 Innere Führung, Höhere Weisheit: Das wahre Geheimnis

Es gibt eine Fülle von Rezepten, eine Vielzahl von Wegen, eine Menge an Beweisen, ebenso viele Widersprüche, Pros und Contras. Der eine schreit lauthals: »Das ist gut!«, der andere weiß es aber besser und behauptet: »Das ist schlecht!« Rechts und links, hin und her. Ähnlich der durch das Pendel hypnotisierten Katze geht der Blick des Bürgers, der seine Unterscheidungsfähigkeit ungeschliffen lässt und sich der Meinung einer anderen Person anschließt. »Der hat gesagt…!«, ein anderer wird jedoch genau das Gegenteil davon behaupten. Beide haben recht. Du wirst fragen, wie das möglich sein kann.

Selbstverständlich wollen wir den Fall ausschließen, dass einer oder beide unehrliche, egoistische Zwecke verfolgen oder dem Interesse irgendeiner Lobby dienen. Du für dich hast recht, bis das Leben, die Erfahrung, dir das Gegenteil zeigt oder bis du deine Perspektive veränderst und somit das Thema aus einem anderen Blickwinkel betrachtest. Es ist tatsächlich möglich, dass entgegengesetzte Betrachtungsweisen derselben Thematik und dass unterschiedliche Bewusstseinsebenen zu gegensätzlichen Ergebnissen führen. Man denke dabei nur an die Quantenphysik. Sie lehrt uns, dass der Betrachter durch seine Perspektive die Situation färbt und entweder Wellen oder Partikel aktiviert. Zwischen Alpha und Omega verhält sich die Welt, wie du ihr begegnest. Da du einzigartig bist, kannst nur du für dich wissen, was stimmt, was passt, was mit dir in Resonanz steht, und wo folgende drei Grundregeln gelten:

Fehler: Fehler sind erlaubt, Fehler sind lehrreich, viele Fehler können rückgängig gemacht oder in Lehr- oder Ausgleichssituationen umgewandelt werden. Sich selbst und anderen zu verzeihen sowie Verstehen kann das Herz öffnen und Mitgefühl fördern.

Folgen: Alle Entscheidungen ziehen Konsequenzen nach sich. Keine Entscheidung ist auch eine Entscheidung und hat auch Folgen.

Andere Meinungen: sind immer von Interesse. Es gilt die Ansichten von anderen zu respektieren, genauso wie es gilt, sich selbst treu zu bleiben. Schließe Frieden mit deiner Wahrheit.

Die authentische Entscheidung ist diejenige, die mit deiner Essenz, mit deiner Seele übereinstimmt, wobei dein persönlicher Wille eins ist mit deinem Höheren Willen, nicht im Sinne einer missverstandenen, gebeugten Demut, sondern in der Erkenntnis der Persönlichkeit, dass die Seele weiß. Im Zuge der Evolution wendet sie sich immer mehr nach innen und macht sich umso empfänglicher für das Lied und den Duft der Seele. Am Anfang, und gelegentlich auch im weiteren Verlauf der Entwicklung, kann sie verunsichert sein, weil sie sich jetzt auf einen neuen verinnerlichten Modus einstellt. Das Bedürfnis sich vom Trubel auszuklinken und nach innen zu gehen, alleine in der Stille zu sein, begleitet die Prozesse der Seele – einst als Mönch, heute als Großstadt-Eingeweihter. Gründe dafür sind zum einen, weil die Persönlichkeit sich gerne chamäleonsgleich anpasst und nachahmt und mit ihrer Umgebung übereinstimmen möchte, was eventuell zu falscher Harmonie oder Heuchelei führen kann. Zum anderen ist sie mehr oder weniger durchlässig und durch mangelnde Abgrenzung übermäßig empfänglich und beeinflussbar für die Stimme des inneren Kindes, für das ›Ich-will-geliebt-werden‹ und den kollektiven Gruppendruck.

Wenn aber der Entschluss gefasst ist, den göttlichen Weg der Seele zu gehen, wird der Blick auf die Essenz gerichtet, und etliche Dimensionen der Höheren Führung werden angerufen.

Spüre deine Essenz als Licht, Wärme, innere Achse oder als Gefühl in dir, innerhalb deines Körpers, gerade da, wo du bist. Je tiefer und näher du in deine Wahrhaftigkeit eindringst, desto konkreter wird sie zu deinem immerwährenden, jederzeit zugänglichen Anhaltspunkt. Wenn nötig, lass Persönlichkeit und Seele sich begegnen und sich anfreunden, lass sie sich umarmen und energetisch austauschen.

Hier einige Affirmationen oder Anrufungen, die als Ausrichtung der Absicht dienen können:

- Ich rufe und folge dem Weg meiner inneren Weisheit.
- Ich verbinde mich mit meiner Höheren Führung.
- Ich identifiziere mich mit meiner Seele auf allen Ebenen.
- Ich wende mich an das Höchste Gut.
- Ich bitte um eine Lösung für ... im Einklang mit dem Höchsten Gut.

»Was verstehst du unter dem Begriff ›Höchstes Gut?‹«

»Das Höchste Gut ist das, was der Gesamtheit dient, dir, mir und allen Mitbeteiligten.«

»Das heißt, dieser Begriff geht über die Erfüllung der momentanen, egoistischen, persönlichen Bedürfnisse hinaus?«

»Nicht nur das, sondern das Selbst wird als Teil des Großen Ganzen erkannt und weiß, dass es ihm nicht gut gehen kann, solange die Ganzheit nicht zur Erfüllung kommt. «

»Eine Art ›Demokratie der Seele‹?«

»Noch weiter hinaus. Es ist eine natürliche Ethik, die auf Verzicht und Hingabe aus dem Herzen und dem Geist beruht.«

»Verzicht, Entsagung, Selbstverleugnung – das sind doch Konzepte aus den Klöstern der Vergangenheit. «

»Lass sie ruhig in der Vergangenheit. Der Begriff des Höchsten Guts befindet sich jenseits der Polarität, bei der jeder nur an sich selbst denkt und den größtmöglichen Nutzen für sich haben will, egal wie es dem anderen geht. Jenseits von Du und Ich gibt es ein WIR, jenseits von Hin und Her gibt es eine höhere Warte, die durch die Ethik des allgemeinen Guts bei allen für Gleichgewicht sorgt. «

»Also eine Art übergeordnete Stimmigkeit.«

»Das ist eine sinnvolle Definition, die vom Dreieck als geometrische Figur versinnbildlicht wird.«

»Das verstehe ich nicht.«

»Die Basis des Dreiecks ist eine Linie mit zwei Enden, A und B. Sie symbolisiert den polaren Zustand. Du hast recht, ich bin im Unrecht oder umgekehrt. Da kann man ewig hin und her schwanken. Das ist die Ebene des Karmas: Auge um Auge, einmal du, einmal ich. In dieser besonderen Epoche des Bewusstseinwachstums der Erde, der Menschheit und aller lebendigen Wesen auf dem Planeten haben wir die Möglichkeit, uns weiter zu entfalten, wenn wir bereit sind, über den engen persönlichen Standpunkt hinauszuwachsen.«

»Das muss aber für beide Seiten oder Parteien gelten!«

»Offensichtlich, sonst entsteht kein WIR.«

»Und wo steht das WIR? Vermutlich zwischen Du und Ich …?«

»Das ist der berüchtigte Kompromiss, mal ich, mal du, der einigermaßen funktioniert bis zu dem Punkt, wo einer das Gefühl hat, er komme doch zu kurz. Das Höchste Gut befindet sich an der Spitze des Dreiecks.«

»Aha. Die Spitze beinhaltet sowohl meine als auch deine Erfüllung, die in unserer gemeinsamen Erfüllung im Einklang mit den kosmischen Gesetzen steht? Wenn das funktionieren würde, gäbe es keinen Streit, keinen Krieg …?«

»Im Kleinen wie im Großen können wir alle dazu beitragen und davon profitieren.«

»Dann muss man eigentlich auf nichts verzichten.«

»›Verzichten‹ ist in diesem Kontext eher als ›aufgeben‹ zu verstehen. Ein freiwilliges, intelligentes und herzliches Aufgeben meines persönlichen Standpunktes mit dem Wissen, dass es eine allumfassende Möglichkeit gibt, die uns allen dient, dir, mir, uns und allen Mitbeteiligten. Das fördert ein gewisses Über-Sich-Hinauswachsen.«

»Auf alle Fälle über das kleine Selbst.«

»Es erinnert mich an ein Buch, das mich sehr beeindruckt hat: ›Die empathische Zivilisation: Wege zu einem globalen Bewusstsein‹ von Jeremy Rifkin[14].«

[14] Frankfurt am Main, Campus Verlag, 2009.

»Ja, das ist der Stoff der Zukunft des sich entfaltenden Menschen.«
Möchtest du dich noch überzeugen, wie wirksam und schnell die Ausrichtung deiner Gedanken ihr Ziel und ihre Auswirkung erreichen? Dazu habe ich ein kleines Experiment für dich. Vielleicht trägst du gerade eine Kette mit Anhänger. Betonen möchte ich allerdings, dass diese Übung nichts zu tun hat mit deiner Fähigkeit zu pendeln.

Halte bitte die Kette in deiner bevorzugten Hand mit entspannter Konzentration. Vergiss nicht zu atmen und sprich das Wort ›weiß‹. Denke dabei an die weiße Farbe. Der Anhänger wird sich in eine Richtung bewegen, irgendeine Richtung, die deinen Gedanken ›weiß‹ versinnbildlicht. Das ist der erste Teil unserer Übung, jetzt kommt der zweite Teil. Selbe Haltung wie vorher, dieses Mal sprichst du aber das Wort ›schwarz‹ aus und visualisierst die schwarze Farbe. Wiederum wird sich der Anhänger bewegen, und zwar in eine andere Richtung als diejenige, die vorher in Verbindung mit dem Begriff ›weiß‹ entstanden ist. Wenn es dir schwerfällt zu visualisieren, dann nimm ein Stück Papier oder Stoff in der jeweiligen Farbe. Mach die Übung wie beschrieben und schau dabei auf das weiße Papier oder den Stoff und lege gleichzeitig deinen Finger darauf. In jedem Fall wirst du zwei unterschiedliche Ausschläge erhalten, die zwei verschiedenen Begriffen, Schwingungen entsprechen. Dein Denken und deine Vorstellung der jeweiligen Farben erzeugen eine Vibration, die als Bewegung in der Luft durch das Gewicht des Anhängers übersetzt wird. Je mehr du übst, desto schneller geschieht der Übergang zwischen den beiden Begriffen. Die Bewegungen sind ein sichtbarer Ausdruck energetischer und gedanklicher Reaktion. Die zwei unterschiedlichen Ausschläge verdeutlichen auf sichtbare Weise zwei verschiedene gedankliche Ausrichtungen, deren Frequenz die Bewegung des Gegenstandes unmittelbar lenken. Diese Übung versinnbildlicht die Wirkung deiner Gedankenausrichtung. Verbindest du dich mit deinem Höheren Selbst, mit dem Abbild deines vollkommenen Selbst, erreichst du die Quelle deiner inneren Führung. Dasselbe gilt natürlich in umgekehrter Reihenfolge für negative Gedanken. Das Prinzip bleibt aber dasselbe. Dieses kleine Experiment zeigt deutlich, dass du dich durch deine Entscheidung an deine

Höhere Instanz anschließen kannst. Dein Wesen wird dann zu einem fein abgestimmten Instrument, das harmonische Töne spielt und das neue Melodien aufsucht. Die Saiten klingen in Resonanz. Das ist die Zeit der Synchronizitäten, wo innere und äußere Ebenen übereinstimmen und ›Zufälle‹ entstehen lassen. Das Mitschwingen der Saiten ist auch ein Symbol für die Telepathie. Es stimmt und es schwingt. Das macht das Leben einfacher, authentischer und reicher für einen wachsenden Teil der Menschheit, der die Sprache der inneren Ebenen immer mehr zulässt und sich immer mehr mit seiner Seele identifiziert.

Das wahre Geheimnis besteht nicht nur in der Präsenz des innewohnenden göttlichen Funken in jeder Zelle, sondern in dem unmittelbaren Zugang dazu, der genau in dir, in den Dimensionen deiner Aura ist, der sich dort befindet, wo deine physische Dimension, dein Körper, gerade steht.

Das wahre Geheimnis liegt verborgen unter Schichten der äußerlichen Identifikation mit Rollen und Gewohnheiten, unter Schichten gegenseitiger Projektionen, unter Schichten unzähliger Erfahrungen durch unzählige Inkarnationen. Erkennst du dieses Kleinod in dir, dann mach es dir bewusst, damit es einen immer stärkeren und deutlicheren Ausdruck in dir findet. Dann ist das Tor zu deiner inneren Führung leicht zu durchschreiten.

Hast du das verstanden, lässt du das, kultivierst du die Kontaktaufnahme mit deiner wahren Essenz, und machst du dich immer durchlässiger und empfänglicher, dann bist du wirklich auf dem Weg, das Göttliche im Inneren zu leben und wirst zur Brücke zwischen den inneren und äußeren Ebenen. Du wirst die Zeichen immer deutlicher und leichter entziffern können und authentischer werden. Die innere Führung und die Höhere Weisheit werden sich auf klare, schlichte Weise durch dich in deinem Alltag äußern. Gleichzeitig werden sich neue Dimensionen vor dir ausbreiten, dir Tiefe und Fülle zu Füßen legen.

Wahrhaftigkeit, Aufrichtigkeit und Verantwortung untermauern den ganzen Prozess. Die echte Herausforderung besteht darin, du selbst zu werden und dir treu zu bleiben.

Das ist die Bewusstwerdung. Das ist der Weg zum göttlichen Menschen und die Erschaffung einer neuen Ära auf Erden.

7.3 Der multidimensionale Ausdruck des Einen: Das kreative Selbst

»Diese Reise durch die unterschiedlichen Sphären meines Selbst eröffnet mir eine weitere und tiefere Wahrnehmung meines Wesens, als ich es in meinem normalen Alltag empfinden kann.«

»Möge diese Auffassung deines Selbst deinen Alltag durchdringen.«

»Das wünsche ich mir auch, aber wie schaffe ich das?«

»Möge das Gewahrsein deiner Essenz sowie das deiner Mitmenschen und aller lebendigen Wesen deine Beziehung zu ihnen prägen durch deine tagtägliche Interaktion mit ihnen.«

»Das ist aber ein anspruchsvoller Vorsatz, nicht wahr?«

»Eine persönliche Entwicklung, die mit der Erhöhung der Schwingung der Erde übereinstimmt.«

»Gleichzeitig ein individuelles und ein kollektives Voranschreiten auf dem Weg der Evolution.«

»Ja, es ist ein allumfassender Prozess, der alles Lebendige auf dem Planeten betrifft.«

»Auch die Erde?«

»Die Erde ist ebenfalls ein lebendiges Wesen mit Bewusstsein. Auch sie besitzt eine Aura mit unterschiedlichen Schichten.«

»Das stimmt mich nachdenklich ...«

»Neue Erkenntnisse brauchen Zeit, bis sie sich in deiner Weltanschauung verankert haben.«

»Gehen andere Menschen auch so um mit dem Umdenken?«

»Ja, jeder in seinem eigenen Rhythmus, jeder auf seine eigene Art und Weise, mit seinen persönlichen Schwerpunkten entsprechend seinem Hintergrund, seinen Zielen, dem Weg seiner Seele.«

»Also jeder anders.«

»Notwendigerweise, denn jeder ist einzigartig. Jeder handhabt das ganz individuell.«

»Heißt ›individuell‹, dass der eine der Veränderung widersteht, der andere mit dem Strom fließt, und wieder ein anderer dagegen eine neue Art entdeckt, sein Wesen zum Ausdruck zu bringen?«

»Richtig. Das sind konkrete Beispiele für Transformation.«

»Wenn es alle betrifft, warum steht es dann nicht in der Zeitung oder wird im Fernsehen ausgestrahlt?«

»Der Impuls kommt aus der Seele, aus dem wahren Selbst wie eine Pflanze aus dem Samen. Deren Wachstum ist abhängig von den kosmischen Einflüssen, vom Wetter, von der Qualität der Erde, vielleicht von der Fürsorge des Menschen, aber sie bleibt immer die Pflanze, die sie im Kern ist. «

»Es liegt also an mir, aus meinem Inneren mit der Umwelt, mit meiner Umgebung in Kontakt zu treten.«

»Habe den Mut, deine eigene Umwelt zu erschaffen, dich mit den zu dir passenden Menschen und Umständen zu umgeben. Daraus entsteht gegenseitige Bereicherung.«

»Das erlebe ich schon und bin darüber sehr dankbar.«

»Dein Leben ist dein Kunstwerk, deine Kreation. An dir liegt es, dass sie mit deinem Wesen übereinstimmt.«

»Ich stimme dir zu, aber ich bin vielseitig begabt und weiß nicht immer, was ich wirklich will.«

»Jeder Mensch besitzt viel mehr Facetten, als er meint. Du weißt, dass du eins bist, trotz deiner Höhen und Tiefen, trotz der unterschiedlichen Lebensphasen und Tagesverfassungen.«

»Die Beständigkeit hinter dem ständigen Wechsel.«

»Die Abwechslung bietet dir die Chance, die Vielfalt deiner Möglichkeiten zu erkennen. Routine dagegen lässt sie einschlafen. Sie bleibt latent, bis du sie vergisst und bleibt somit ebenso unentdeckt wie deine Kreativität.«

»Du hast auch die Multidimensionalität des Seins erwähnt. Ist das etwas anderes als die Vielseitigkeit?«

»Deine Multidimensionalität ist dein ewiger Anteil, deine Unizität und gleichzeitig dein ganz privater Reichtum an Urvertrauen, an Urwissen und an sämtliche Erinnerungen an die Weisheit der vorigen Leben auf bewusste oder unbewusste Weise.«

»Weisheit?«

»Damit meine ich das tief in dir ruhende Wissen, das du in diesem Leben nicht mehr neu erlernen, lediglich erneut aktivieren musst. Die Weisheit, die mit deinem inneren Wahrheitssinn verbunden ist, der Anteil, der unmittelbar im Einklang mitschwingt mit dem, was für dich stimmig und wahrhaftig ist. Deine Multidimensionalität enthält deinen kosmischen Funken, deinen göttlichen Anteil, der in jeder Zelle zum Ausdruck kommen will.«

»Das kann ich mir nicht vorstellen.«

»Ohne ihn würdest du nicht existieren, denn alles ist ein Ausdruck der Lebensquelle. Aus dieser einen Kraft sind dein Geist, deine Seele, dein Körper und deine Aura entstanden. Sie alle beabsichtigen die Quelle durch deine Einheit – dein Potenzial – in die Welt ausstrahlen zu lassen.«

»Das ist die Essenz der Reise – ein persönliches Abenteuer und zugleich ein sich ständig entfaltendes Mysterium. Mein kosmischer Ursprung und meine kosmischen Energien werden mir allmählich vertraut.«

»Das Umdenken benötigt Zeit.«

»Das Umsetzen noch mehr! Jetzt kommt gleich meine nächste Frage: Ich bin keine Künstlerin, aber wie kann ich denn meine Kreativität zum Ausdruck bringen?«

»Dein Leben ist dein Kunstwerk. Drücke dein Wesen durch deine Einzigartigkeit aus, auf deine individuelle Art im Alltag, in all den kleinen Dingen, in den größeren Ereignissen, im Miteinander und im Alleinsein. Sei einfach nur du selbst, ohne dich zu verbiegen. Nimm dir diese Freiheit. Solange du im Einklang mit dem Höchsten Gut handelst, wirst du deine Umgebung mit dem Geschenk deiner Einzigartigkeit erfreuen. Nachahmen, Moden folgen, dich in Schubladen zwingen, dich formatieren lassen, das alles schnürt die Seele ein wie einen Vogel, dem die Flügel gestutzt wurden. Diese Zwänge sind schmerzhaft, lassen die Seele verkrüppeln und machen den Menschen zu einem blassen Schatten seines wahren Wesens. Seine Aura ist dann betrübt, dünn am Körper hängend mit fremden Gedankenformen – nämlich den Ideen der anderen, der Medien und der Werbung – und den damit verbundenen Emotionen: nach Schema, programmiert, stereotyp.

Du brauchst nicht um Originalität zu kämpfen und auffallend auszusehen. Es ist viel leichter als das. Du musst erst einmal im Hier und Jetzt ankommen. Das ist deine Basis im Augenblick. Von da an kannst du dich mit dir selbst vergleichen. Das ist der einzige Vergleich, der es dir ermöglicht, deine Frequenz wirklich zu erhöhen.

Mach dir also keine Sorgen ›anders‹ zu sein. »Ich bin nicht wie die anderen« höre ich mitunter in meinen Beratungen. Das kann entweder abwertend, negativ bedeuten: »Ich bin schlechter als die anderen« oder im übersteigerten Sinne von etwas Besonderes sein: »Ich bin besser als die anderen« bzw. »Ich kann etwas, was die anderen nicht können.« Beide Versionen stehen für zwei Seiten ein und derselben Münze: eine unter-, die andere übertreibt. Beide Versionen vergleichen dich mit anderen, aber nicht mit dir selbst. Die Seele drängt nach Ausdruck, nicht nach Konkurrenz. In der Tat bist du nicht wie die anderen. Du bist einzigartig, eben so, wie die Schöpfung es beabsichtigt. Sie äußert sich durch unendliche Fülle und Möglichkeiten – Kreativität pur. Diese Botschaft trägst du in deiner Aura, sie ist dein Wegweiser. Lebst du sie aus, ermutigst du andere, auf eine schlichte energetische Art dasselbe zu tun. Die Erinnerung an dein Wesen erweckt das Potential in deinem Gegenüber. Deine Frequenz überträgt sich auf deine Umgebung und wirkt als Katalysator. Aus der gegenseitigen Bereicherung entspringt dann ein nährender Austausch. Das ist die gemeinsame Kreativität.«

7.4 Die globale Aura: Ein allumfassender Blick

Unsere Reise hat uns in verschiedene Dimensionen der Aura geführt, in den Bereich des Körpers, in die Welt der Gefühle, auf die Ebene der Gedanken und in die Schluchten des Geistig-Spirituellen. Sie hat auch Brücken geschlagen zu anderen lebendigen Wesen. Das ist unsere analytische Entdeckung, die uns wie aufgereihte russische Steckpuppen die verschiedenen Aspekte enthüllt. Diese Betrachtung erleichtert das Verstehen, aber die Gesamtheit ist gerade da vorhanden, wo du dich jetzt im Augenblick befindest. Der umfassende Blick lässt die globale Ausstrahlung nicht nur durch die Strahlkraft ihrer Farben, sondern durch ihre Frequenzen ihr Potenzial, ihr Streben, aber auch das Erlebte in die Welt aussenden. Wie du mit deinem Körper umgehst, wie du deine Emotionen pflegst, deinen Intellekt lenkst, dein tiefes Wesen und seine Aufgaben wahrnimmst, wie du dein Gewahrsein ausdehnst oder deine Schwingung erhöhst, deine Erkenntnisse erweiterst, das strahlt in das Leben hinaus. Die Erfahrungen, der Umgang und die Verinnerlichung des Erlebten in dieser sowie in vorigen Inkarnationen, senden ihre Botschaften – auch die Unbewussten – nach außen und stoßen auf entsprechende

Menschen, Erfahrungen, Erlebnisse. Die Anziehungskraft der Resonanz hallt in der Begegnung wider. Es ist Wellenlänge und keine wundersame Führung, die aus heiterem Himmel sich breit macht. Begeistert sind wir, wenn das Zusammensein harmonisch und kreativ ist. Bedrückt und enttäuscht, sozusagen im eigentlichen Sinne des Wortes ›von einer Täuschung befreit‹, wenn die Begegnung als schwierig empfunden wird. Und doch sind wir da, wo wir vorläufig sein sollten, auch wenn es nur darum geht, Klarheit und Umwandlung zu erzeugen. Behalten wir die Breite und die Weite des Aura-Spektrums, behalten wir das Wesentliche im Blick, ohne zu vergessen die Einzelheiten zu pflegen. So wirst du dich und dein Gegenüber nicht in einen engen Rahmen zwängen. Wir sind alle unendlich mehr, als was wir zeigen oder als was wir wahrnehmen. Der ›Tier-Mensch‹ befindet sich auf dem Weg zum ›Mensch-Menschen‹, der unterwegs ist zum ›Engel-Menschen‹, der anschließend noch weiterstrebt zum ›göttlichen Menschen‹. Jeder ist unterwegs, mitten in der Transformation, jetzt mehr denn je. Gehe also deinen Weg eher als die anderen. Nur ein Roboter ist ferngesteuert und kann lediglich einen vorgegebenen Weg gehen.

Gerade weil wir uns jetzt unserer ewigen, multifacettierten Natur bewusst sind, wollen wir unsere unterschiedlichen Aura-Ebenen gezielt pflegen und versorgen, sonst entsteht eine innere Leere. Eine Leere oder ein unersättlicher Hunger nach materiellen Dingen, ein Suchen, das zur Sucht wird, ein Bedürfnis nach Ersatz, anstatt nach dem Echten und Wahrhaftigen zu streben, das die Seele sättigt und befriedigt. Genauso wie der Mensch sich auf körperlich-physische Weise mangelhaft ernährt und ständig unter Hunger leidet, können die feinstofflichen Dimensionen des Menschen verhungern. Auch wenn die physische Nahrung momentan sättigt, wird das Hungergefühl in Kürze wieder auftauchen, wenn es den Lebens-Mitteln an Vitalkraft und Bio-Photonen fehlt. Sind alle Teilaspekte ihres feinstofflichen Wesens richtig versorgt, dann kann die globale Aura ihren Platz strahlend zwischen Himmel und Erde einnehmen und der Mensch wird sich erfüllt und ausgeglichen fühlen.

Der Ätherkörper braucht Äther, das Lebendige aus der Natur, aus dem Wasser, der Luft, der Erde, der natürlichen Umgebung, aus der frohen, lebendigen Ernährung, aus dem magnetischen Austausch mit den Mitmenschen und den Tieren.

Der Emotionalkörper wird von gesunder Begierde, feinen Emotionen und edlen Gefühlen genährt. Freude an künstlerischen Tätigkeiten, an Schönheit und Harmonie gleicht ihn aus, verleiht Gelassenheit und Zufriedenheit. Das ist Nektar für die Seele. Ein grobes, pervertiertes, emotional negatives Leben mit Gruselfilmen und wiederkehrenden Schocks ist dagegen ein Garant für ein unruhiges, verwirrtes Gemüt und ein unberechenbares Verhalten.

Der Mentalkörper lebt von kraftvollen, reichhaltigen und tiefen Gedankenformen, von Lesen, Überlegungen, Lernen, Lehren und davon, Neues zu entdecken, sich auf intelligente Weise auszutauschen und nachhaltige Lösungen zu finden und, als Gegensatz zu diesen intellektuellen Beschäftigungen, von der Meditation, der Inspiration.

Dagegen braucht der Kausalkörper intuitive Prozesse, telepathische Fähigkeiten, Einsichten und Erkenntnisse. Auf einer höheren Oktave des Kausalkörpers erlangt man Inspiration, das Wissen um die Seelenbestimmung, und die innere Stimme lässt sich deutlich als innere Führung hören.

Die zwei weiteren spirituellen Körper werden von Meditation, Gebet, Kontemplation und Symbolen weiterentwickelt, bis sie den Zugang zur allumfassenden Liebe und dem universellen Wissen ermöglichen.

Die Pflege des Innenlebens und der verschiedenen Abstufungen unseres Wesens überträgt sich auf unser wahres Wohlbefinden und auf die Strahlkraft der globalen Aura. Auch die Menschen, die sie nicht sehen, sind dafür empfänglich. Das Wunder, das am meisten übersehen wird, liegt bei und in uns.

Die Welt der Feinstofflichkeit mit ihren Chakren und dem Zentralkanal sowie die verschiedenen Auraschichten sind tief im physischen, grobstofflichen Körper verankert, zu denen uns der Körper einen leichten Zugang anbietet. Wer dieses Wissen verinnerlicht, ist kein Suchender sondern ein Finder. Er ist frei von Abhängigkeiten und fühlt sich unmittelbar mit der Quelle verbunden durch den inneren Lehrer. Jetzt gilt es, die eigene Macht und Kraft wieder anzunehmen. Es ist die Zeit des ›Empowerments‹[15] auf Erden. Die Aura ist nicht das farbige Ei, das üblicherweise abgebildet wird, sondern lebendige, allumfassende energetische Ausstrahlung des inneren Wesens, die fokussierte Matrix, der Träger des Lebens.

7.5 Die Reise ist zu Ende: Die Fahrt nach Hause

Wir leben in einer Welt, in der wir der Illusion des Raum-Zeit-Kontinuums erlegen sind und den Eindruck bekommen, alles hätte einen Anfang und ein Ende – was für die Dritte Dimension auch zutrifft. Jedes Ende ruft einen neuen Anfang hervor. Alles fließt ineinander.

Unsere Reise neigt sich dem Ende zu. Wir können auf eine gemeinsame Zeit zurückblicken und eine Standortbestimmung durchführen. Du wirst herausgefiltert haben, was für dich anwendbar ist. Manches wirst du überlesen oder nicht verstanden haben, einiges hat dir vielleicht nicht gefallen, bestimmte Aussagen und Übungen sagen dir nicht zu. Sie sind nicht ›Deins‹ und haben momentan keinen Platz in deinem Leben, in deiner Weltanschauung, in deinem Bewusstsein. Von Herzen wünsche ich dir, dass du mindestens eine wertvolle Anregung erhalten hast, die du als etwas Neues in dein tägliches Leben integrieren kannst – und vor allem, dass du dich selbst und andere mit einem frischen, ewigen Blick betrachtest.

Jetzt ist es Zeit für dich zu überlegen und in dein Herz hineinzuspüren. Wenn die Reise vorbei ist, legst du entweder dieses Buch einfach weg und liest ein weiteres, oder du hast einen Impuls erhalten und reflektierst, was für dich stimmig und wahrhaftig ist, und du definierst seine Wahrheit für dich neu um. Lass sie in dir reifen und sich frei entfalten, und vor allem gestalte sie auf deine ganz persönliche Weise und übernimm die Verantwortung dafür. Mach kein

[15] Mit ›Empowerment‹ bezeichnet man Strategien und Maßnahmen, die den Grad an Autonomie und Selbstbestimmung im Leben von Menschen oder Gemeinschaften erhöhen sollen und es ihnen ermöglichen, ihre Interessen (wieder) eigenmächtig, selbstverantwortlich und selbstbestimmt zu vertreten. Empowerment bezeichnet dabei sowohl den Prozess der Selbstbemächtigung als auch die professionelle Unterstützung der Menschen, ihr Gefühl der Macht- und Einflusslosigkeit zu überwinden und ihre Gestaltungsspielräume und Ressourcen wahrzunehmen und zu nutzen. (Quelle: Wikipedia)

Dogma daraus, aber lass sie einen goldenen Faden ziehen durch deinen Alltag, lass sie die Prioritäten und deine Entscheidung beeinflussen.

Es ist das Ende der Reise und der Anfang eines neuen Prozesses. Wir werden uns trennen. Wie immer im Leben gehen wir wiederholt durch unzählige Phasen des Loslassens, der Neuorientierung und des Neubeginns. Ständig üben wir für den großen Abschied für das Hinübergehen. Der Tod ist das einzige Ereignis und der einzige Prozess, von dem wir mit Sicherheit wissen, dass er irgendwann eintreffen wird. Und dennoch wird er vor sich hergeschoben, verdrängt, verschwiegen, ignoriert. Auch wenn die Lebensreise endet, es gibt eine Neuorientierung, einen neuen Anfang. Ende und Anfang sind nur zwei Aspekte eines Ein- und Ausatmens in einem Meer der Ewigkeit.

Durch unzählige Inkarnationen sind wir schon viele Male gestorben. Wissenschaftler und Mediziner haben ausführliche Forschungen zum Thema ›Nahtoderfahrungen‹ betrieben, Parapsychologen liefern unzählige Experimente und Berichte von Transkommunikation mit dem Jenseits. Der Sterbeprozess wird begleitet. Die Information ist vorhanden und für jeden zugänglich. Sie kann Fragen beantworten und lähmende Todesfurcht umwandeln in eine selbstbestimmte, würdige Vorbereitung auf das Hinübergehen und die Integration des Todes in unseren Alltag als normalen, dazugehörenden Prozess.

Man könnte sich z. B. fragen, was man ›mitnehmen‹ will. Ruhm, Besitz, Materielles bleiben zurück hier auf Erden. Aber die Erfahrungen, deren Essenz und die Lernaufgaben aus dem gelebten Leben bleiben gespeichert in den höheren feinstofflichen Körpern. Die niedrigeren Schichten der Aura und die vier Elemente lösen sich allmählich im Verlauf von drei Tagen auf.

Vor einigen Jahren kam eine Klientin zu mir in die Einzelsitzung, um sich auf das Ende dieser Inkarnation vorzubereiten. Sie folgte schon lange einem bestimmten spirituellen Weg. Sie erwartete aber meine Hilfe bei der Klärung ihrer Aura. Im Besonderen wollte sie mit dem Rauchen aufhören. Die Sucht, das abhängige Verhalten und die unstillbare Sehnsucht nach dem Glimmstängel im Jenseits wollte sie noch hier auflösen.

Es ist gut, seine materiellen Belange in Ordnung zu bringen, aber es ist auch sinnvoll, darüber zu reflektieren, wie wir den Übergang aus der geistig-spirituellen Perspektive gestalten wollen. Mir zum Beispiel ist es wichtig, den Tod, den Gedanken daran in mein tägliches Leben mit einzubeziehen und diese Inkarnation so klar, bewusst und gesund wie möglich zu verlassen. Das Wissen über die Aura wirft ein differenziertes Licht auf die Art und Weise, wie wir unseren Körper verlassen und auf welche jenseitigen Ebenen wir uns dann begeben. Die Einsicht über die Einzigartigkeit des Menschen führt zu einem ebenso eindeutigen Blick auf den Austausch von Körperorganen. Der Körper kann nicht auf austauschbare Ersatzteile reduziert werden. Absichtlich pflege ich die harmonische Grundstimmung meines Lebens. Mit Sorgfalt sammle ich immer wieder schöne Augenblicke in der Natur, mit lieben Menschen und Tieren, in unberührten Landschaften, in der Stille der Meditation, von Kunst umgeben, von Musik getragen, in der Tiefe der Kontemplation, um mein inneres Licht in diesem Leben anzuzünden. Auch im körperlosen Zustand, wenn ich den Film meines Lebens betrachten werde, werden mich die Eindrücke dieser glücklichen Momente begleiten und begeistern.

So weit sind wir noch nicht, aber es wird gerne übersehen, dass wir in jedem Augenblick unsere Realität und unsere Zukunft gleichzeitig erschaffen, auch unseren körperlosen Zustand unmittelbar nach dem Übergang.

Nun wieder zurück zur Gegenwart:

»Jetzt, wo wir uns dem Ende der Reise nähern, kannst du auf einige Techniken zurückblicken, aber wie erlebst du deine innewohnende Göttlichkeit und den Kontakt zu deiner Seele?«

Überlegt – »... Einen Zugang habe ich durch die Reise schon gewonnen, aber nur teilweise, nicht wirklich im Alltag. Meine Verbindung zur Spiritualität spüre ich deutlich, wenn ich Seminare besuche oder esoterische Bücher lese.«

»Während dieser Tätigkeiten bist du auf das Thema konzentriert und unter Menschen, die ähnlich motiviert sind und sich gleichen Interessen wie du widmen. Die Atmosphäre, die Umgebung sind stimmig, damit sich alle wohl und geschützt fühlen. Wenn du es dir mit einem Buch bequem machst, genießt du die Geborgenheit einer ungestörten Umgebung. Diese gewählten Rückzugsphasen sind sehr wohltuend. Aber den wahrhaftigen Reichtum erlangst du erst, wenn du das Gelernte, das Entdeckte für dich auf deine eigene Art und Weise in deinen Alltag integrierst.«

»Ich fühle mich mit dem Geistigen verbunden, wenn ich eine Kerze, ein Räucherstäbchen anzünde, ›heilige Bilder‹ hinstelle und meditiere oder Gebete spreche.«

»Es ist richtig, sich einzustimmen. Es macht Freude und besänftigt das Gemüt. Aber gerade dieser Akt, spricht er nicht für sich? Bestätigt er nicht, dass die Spiritualität nicht in dir sondern außerhalb deines Wesens in den Symbolen, den Räucherstäbchen, in den Bildern, in den Gebeten liegt?«

»Nein, sie sind eine Brücke dazu.«

»Eine Brücke verbindet zwei Ufer, zwei Teile der Landschaft, zwei unterschiedliche Aspekte. Körper und Seele sind eins, aus ein und demselben Stoff entstanden. Sie schwingen, aber in verschiedenen Frequenzen. Die Menschheit hat die Tendenz, eine Kluft zu bauen zwischen Körper, Materiellem, Alltag und der allgegenwärtigen Spiritualität. Um die Kluft wieder zu schließen, versucht man eine künstliche Überbrückung zu schaffen. Nicht, dass ich nicht selber Freude an gutem Räucherwerk, Kerzen, Invokationen und Gebeten hätte, aber die innewohnenden kosmischen Energien sind ohnehin in uns.«

»Meinst du damit, dass man Rituale und Gegenstände in Bezug auf das Bewusstsein nicht überbewerten darf?«

»Einerseits das, anderseits sollen wir uns auch bewusst machen, dass manche Rituale sinn- und kraftlos sind, wenn die äußerlich sichtbaren Gebärden und Objekte, Bilder und Umstände ein Ziel in sich darstellen und uns die ganze Aufmerksamkeit rauben. Sie sind dann leere Rituale, leer von Bewusstsein. «

»Und dieses Bewusstsein widerspiegelt sich in der Aura?«

»Wie du schon erfahren hast, ist die Aura nicht nur ein Wechselspiel von Farben, sondern auch von Wellenlängen und Qualitäten, die die regelmäßigen Gedanken, Gefühle, Handlungen und Ausrichtungen widerspiegeln. Die Energien der Aura sind im ständigen Wechsel wie die Farben und Formen des Kaleidoskops. Trüb und lethargisch beim Menschen, der sein Leben im Überlebenskampf verbringt und sich mit Hilflosigkeit, Ausweglosigkeit, Abhängigkeit und Schuld identifiziert, strahlend, lebendig und schöpferisch bei denjenigen, die sich ihres wahren Kerns bewusst sind. Da wird der einzigartige Funke wahrgenommen und aktiviert.«

»Wo sitzt der Funke denn?«

»Überall. Überall im Körper, in jeder Zelle, in jedem Chakra.«

»Dann richte ich also einfach nur meine Aufmerksamkeit auf irgendeinen Punkt in mir und lasse zu, dass er immer größer und leuchtender wird.«

»Genau so. Bleib dabei.«

»Wird mir das nicht zu viel?«

»Dann mach den Funken einfach ein wenig kleiner, lass ihn sanft pulsieren.«

Atmet tief durch – »... Das ist wie eine Mischung von tiefer Dankbarkeit, innerer Größe und gleichzeitig von Einfachheit und Bescheidenheit. Es hat etwas Natürliches und Wahrhaftiges.«

»Natürlich! Einfach göttlich im Hier und Jetzt.«

»Reicht es, nur so einmal zu üben?«

»Alles ist ein ewiger Fluss und im ständigen Prozess, auch wenn dein Leben aus Routine und Regelmäßigkeit besteht. Gerade dann führst du diese innere Funkenaktivierung mit deinem Bewusstsein durch. Jedes Mal mit der Absicht, dass die kosmische Präsenz sich deutlicher anfühlt, heller leuchtet, in einem allumfassenden Klang hallt und mit einem himmlischen Duft in der Luft hängt. Je intensiver du dich mit deiner Seele identifizierst, desto mehr Inspirationen, Lösungen und neue Horizonte wird sie dir einflüstern in die Stille deines Herzens und die Weite deines Geistes, in dein Leben als inkarnierte Seele des 21. Jahrhunderts.«

»Mit der Zeit kann ich mir vorstellen, dass mein Denken, mein Fühlen, meine Worte, meine Handlungen immer mehr davon geprägt werden. Aber die Antwort auf die Frage ›Warum lernen wir nichts über die Aura und die Geheimnisse der kosmischen Energien im Inneren in der Schule, an der Universität, in der Zeitung ...?‹«

»Ja, warum ...? Vielleicht damit du, gerade du, das für dich entdeckst. Damit du, gerade du, deinen Weg gehst und damit du, gerade du, einen Unterschied mit deinem Bewusstsein und durch deine Einzigartigkeit in diese Welt bringst. Du, du auch und natürlich auch du…«

»Mein Prozess als Beitrag zur Ganzheit? Unter diesem Aspekt hatte ich die Situation nicht gesehen, aber es macht Sinn.«

»Es macht Sinn!«

»Mit der Antwort bin ich aber immer noch nicht ganz zufrieden. Ich habe gemeint, dass es vielleicht noch einen anderen Grund dafür geben könnte, warum die eigene Göttlichkeit, die eigene Einzigartigkeit und die Ewigkeit der Seele sowie das Wissen um die Aura in der Schule nicht unterrichtet werden?«

»Welcher denn?«

»Damit der Mensch sein Potenzial kaum ahnt und die Menschheit in einem sich wiederholenden Überlebenskampf stagniert. Vielleicht dient diese Entfremdung von den kosmischen Energien im Alltag manchen Wesen oder Energien …?«

»Mag wohl so gewesen sein, aber jetzt ist die Zeit des Umdenkens, der Metamorphose der Erde und aller Wesen, die sie trägt. Pack deinen Rucksack, sammle deine Gedanken und deine Eindrücke. Bereiten wir uns vor auf unsere freudige Trennung und eine kosmische Umarmung.«

Sie trennen sich herzlich und fröhlich, weil sie wissen, dass sie sich wieder begegnen werden. Sie umarmen sich.

Die Kreuzung ist frei, der Reiseführer geht, wohin ihn die nächste Reise führt.

Über die Autorin

Aurélienne Dauguet wurde 1953 in Paris geboren. Ausbildung zur Krankenschwester/ Zusatz Psychiatrie.

Bereits in ihrer Kindheit konnte sie Energien wahrnehmen. In ihrer Jugend erlebte sie dann eine spontane spirituelle Öffnung, die mit aller Wucht schließlich zu ihrer Berufung führte.

Weiterbildungen: Lithotherapie, Aura-Arbeit, Aromathe-rapie, Blüten- und Edelsteinessenzen-Radiästhesie, fein-stoffliche Radionik (ohne Gerät), „Radionic Practitioner" nach der „British Radionic Association" und mit David Tansley, Aura Soma Ausbildung mit Vicky Wall.

Heute ist sie unter anderem in den Paracelsus Schulen in Deutschland und der Schweiz als Dozentin tätig und gibt Einzelsitzungen und Seminare rund um das Thema Aura im deutschen und französischen Sprachraum.

Literaturhinweise:

Dieter Heri Mader

Meditationen für Lichtarbeiter

ISBN-13: 978-3-9806781-7-9

Die in diesem Buch enthaltenen Meditationstexte sind speziell für Lichtarbeiter entwickelt worden.

Sie dienen der Entspannung und behandeln darüber hinaus auch Themen für die gezielte Weiterentwicklung innerer Wahrnehmungsfähigkeiten.

Sie finden hier zahlreiche praxiserprobte Texte, die sich ganz hervorragend dazu eignen, die persönliche geistig-spirituelle Entwicklung effektiv zu unterstützen.

Durch das gezielte Heranführen an ganz bestimmte innere Bilder und Situationen wird die sanfte Transformation der eigenen Persönlichkeit wirkungsvoll unterstützt – hin zu einem liebenden und verständnisvollen Menschen.

Dieter Heri Mader

Geführte Meditationen

ISBN-13: 978-3-9806781-2-4

Erfahren Sie in diesem Buch Schritt für Schritt, wie man Texte für geführte Meditationen selbst erstellen kann.

Sie finden hier zahlreiche praktische Tipps für die spirituelle Arbeit, so dass der Einstieg in die Welt der Meditation und Spiritualität sicher und ohne Risiken bewältigt werden kann.

Lernen Sie das nötige Handwerkszeug kennen und nutzen Sie es, um damit selbst kreativ Meditationstexte für alle möglichen Zwecke zu entwickeln.

Ob es um einfache Entspannungsmeditationen geht, oder auch um anspruchsvolle Themen wie zum Beispiel den ganz persönlichen spirituellen Schutz oder die Reinigung der eigenen Aura – alles wird angesprochen und mit ausführlichen Beispieltexten, die sofort anwendbar sind, verdeutlicht.

Ein praktisches kleines Buch, das überall dort vorhanden sein sollte, wo es darum geht, eigene Vorstellungen zielgerichtet in passende Meditationstexte umzusetzen.